Emil Krebs
Kurier des Geistes

Herausgegeben von Peter Hahn

mit einem Vorwort von Dr. Harald Braun,
Staatssekretär des Auswärtigen Amts

und Beiträgen von

Katrin Amunts
Otto Julius Bierbaum
Peter Hahn
Gunnar Hille
Eckhard Hoffmann
Emil Krebs
Antonio Reda
Hans-Ulrich Seidt
Jürgen Stich

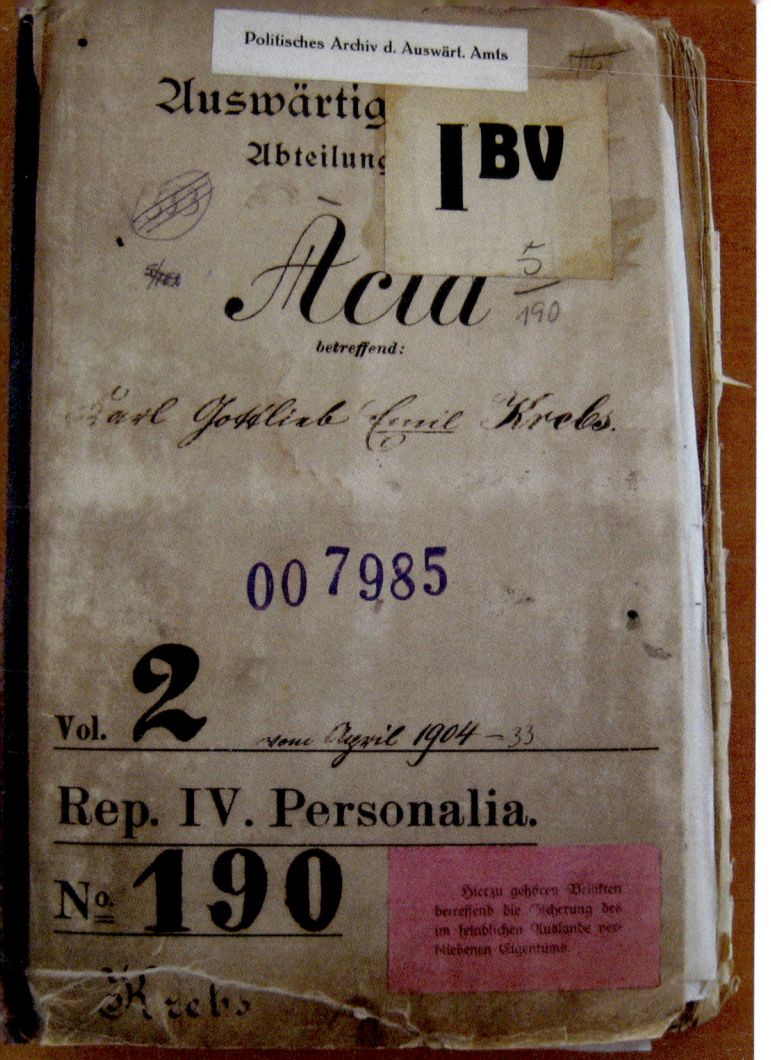

Acta betreffend Karl Gottlieb Emil Krebs

Quelle: Politisches Archiv Auswärtiges Amt

Vorwort

Vom Dragoman zum Konferenzdolmetscher

Im Zentrum des vorliegenden Bandes steht Emil Krebs, ein Mitarbeiter des Auswärtigen Amts, der zu seiner aktiven Zeit (1893-1930) in besonderer Weise aus einer ohnehin außergewöhnlichen Schar von Beschäftigten herausragte. Es heißt, der ReJurist Emil Krebs habe nachweislich mehr als 60 Sprachen beherrscht. Er sammelte Sprachkenntnisse mit einer Leidenschaft, die nie fragwürdigen Ruhm oder populistische Rekordsucht zum Ziel hatte, sondern allein dem Phänomen der menschlichen Sprache galt. Dabei ging es Krebs nicht in erster Linie darum, in allen seinen Sprachen zu kommunizieren („Er schwieg in 45 Sprachen", sagte eine seiner Tischdamen nach einem offiziellen Essen), er wollte vielmehr den Aufbau und die „Philosophie hinter der Sprache" verstehen.

Damals wie heute ist Kommunikation die Grundlage aller Diplomatie. Sprachkenntnisse gelten zu Recht als eine Schlüsselqualifikation des Auswärtigen Dienstes. Das Auswärtige Amt trug dieser Tatsache bereits 1887 Rechnung, indem es die sogenannten Dragomane, also Dolmetscher und Übersetzer für den Verkehr zwischen den Landesbehörden und den Gesandtschaften und Konsulaten im Orient ausbildete und die Reichsregierung dafür das „Seminar für Orientalische Sprachen" gründete. Seit Einrichtung eines organisierten Sprachendienstes 1921 im Auswärtigen Amt ist die Dolmetsch- und Übersetzungskunst zunehmend professionalisiert worden, nicht zuletzt durch einschlägige Studiengänge an Hochschulen und Universitäten.

Heute ist der Sprachendienst des Auswärtigen Amts ein international anerkannter Dienstleister für den Bundespräsidenten, das Bundeskanzleramt und natürlich das eigene Ministerium sowie internationale Konferenzen. Die hier beschäftigten Dolmetscher,

Übersetzer, Terminologen und Sprach-Dozenten sind hochqualifizierte und sorgfältig ausgesuchte Experten. Das Sprachlernzentrum des Auswärtigen Amts bietet den Amtsangehörigen eine zielorientierte, funktionsspezifische Ausbildung in rund 80 Sprachen und arbeitet dabei eng mit externen Partnern zusammen.

Es geht in diesem Band vorrangig um Emil Krebs, um seine besondere Begabung und seine Fähigkeiten. Es geht aber auch um das Verhältnis von Sprache und Diplomatie sowie um eine Epoche, in der man sich erstmals den Herausforderungen weltweiter Diplomatie jenseits der Grenzen Europas stellen musste. Es war die Zeit, in der Friedrich Nietzsche von „planetarischer Politik" sprach und damit vorausschauend die Herausforderungen der Globalisierung beschrieb.

Herausgeber Peter Hahn vermochte es, ein Buch mit historisch wie inhaltlich übergreifender Thematik gekonnt zusammenzustellen. Eckhard Hoffmann, der Großneffe von Emil Krebs, hat dafür unermüdlich Material zusammengetragen und eigene Forschungen angestellt. Er hat darüber hinaus die Kollegen unseres Sprachendienstes zu weiteren Untersuchungen animiert, die zu Ausstellungen über das Sprachgenie Krebs und eben auch zu diesem Buch geführt haben.

Ich bin sicher, dass eine breite Öffentlichkeit ebenso wie die Spezialisten zur Vielsprachigkeit im vorliegenden Band reichlich Material für ihr jeweiliges Interesse finden werden.

Dr. Harald Braun
Staatssekretär des Auswärtigen Amts
Berlin, im September 2011

Einführung

Unüberwindbar erschienen Gustav Langenscheidt die Sprachbarrieren, als er sich mit achtzehn Jahren auf seine „Promenaden durch Nord, Süd und West" machte. „Wer fremde Sprachen spricht, dem öffnet sich die Welt", schrieb er in sein Tagebuch, aber in Belgien, England, Frankreich und Italien reichten seine Kenntnisse wohl nicht aus.

Wer kennt es nicht, dieses „wahrhaft peinliche Gefühl, unter Menschen nicht Mensch sein und seine Gedanken austauschen zu können". Langenscheidts sprachliche Unzulänglichkeiten hatten zur Konsequenz, dass er sich beim Französisch Lernen die Wörter so aufmalte, wie man sie ausspricht. Über die Buchstaben des deutschen Alphabets erfand er eine praktikable Lautschrift für den Selbstunterricht. Eine geniale Geschäftsidee war geboren.

Emil Krebs ging die Sache unbekümmerter an. Als Neunjähriger entdeckte er in der Dorfschule ein Deutsch-Französisches Wörterbuch, lernte Vokabeln und präsentierte sein Können: „Monsiör, sche etudieh franzei. Wollez parler awek moi?" – ohne Kenntnis der Aussprache.

Später schrieb er hinter die französischen die deutschen, englischen und italienischen Vokabeln. Als er das Gymnasium verließ, sprach er zwölf Sprachen. Im Jahr 1922 versicherte Krebs seinem Dienstherrn, dem Auswärtigen Amt, handschriftlich, dass er von 34 Sprachen „korrekte Übersetzungen ins Deutsche liefern" könne. Mehrsprachige, Multilinguale oder Polyglotte nennt man diese Menschen, mitunter auch Mezzofanti, nach jenem italienischen Kardinal Giuseppe Gasparo Mezzofanti (1774-1849), der 57 Sprachen verstanden und 38 davon gesprochen haben soll.

Emil Krebs war ein Sprachgenie. Im Auswärtigen Amt hieß es, „er ersetzt uns 30 Außenmitarbeiter". Gemeint waren damit jene Hilfskräfte, die vor allem für „fernere" Sprachen als Übersetzer oder als Dolmetscher herangezogen werden mussten. Die Differenzierung ist notwendig, weil das Übersetzen und das Dolmetschen aus einer Sprache zwei verschiedene Angelegenheiten sind, beide gleichwertig, aber unterschiedlich in der Ausübung.

Ein Übersetzer überträgt einen vorliegenden schriftlich fixierten Text. Zu seinem Handwerkszeug gehören Wörterbücher und Glossare. Sie helfen oft nur bedingt weiter, weil jeder Text, ob literarisch oder wissenschaftlich, vertiefte Sachkenntnisse von all jenen Themen voraussetzt, die der Autor im Original behandelt. So werden Übersetzer, wenn sie korrekt und stilsicher übersetzen wollen, oft zum aufwändigen Recherchieren gezwungen.

Als sich der Übersetzer Traugott König für den Rowohlt Verlag aufmachte, die Werke des französischen Philosophen Jean-Paul Sartre zu übersetzen, fand er ein Hegel-Zitat. Da er – getreu den Regeln der Übersetzer – das Zitat nicht ins Deutsche „zurückübersetzen", sondern im deutschen Original übernehmen wollte, stellte er nach mühsamen Nachforschungen fest, dass Sartre „etwas" zitiert hatte, was beim originalen Hegel so nicht vorkam.

Dem Dolmetscher bleibt dafür keine Zeit. Er ist auf den Augenblick angewiesen, auf die schnell oder langsam, verständlich oder unverständlich dahingesprochenen Sätze des Gegenübers ebenso wie auf dessen Gestik, Mimik, Intonation und Körpersprache. Oft genug können die Sprachmittler bei dieser zeitgleichen Übertragung nur die „Botschaft", nicht aber das Gesagte Wort für Wort übersetzen. Das aber setzt viel Kenntnis der Materie voraus.

Sprache ist von der Sache nicht zu trennen. Emil Krebs wusste das. Er kannte sich aus. Für Übersetzer und Dolmetscher ist nicht nur die überdurchschnittliche Beherrschung der eigenen Muttersprache und der jeweiligen Fremdsprache vonnöten, sondern vor allem auch die Kenntnis von Kultur und Geschichte der betreffenden Länder, das Gefühl für die sprachlichen Veränderungen im Laufe der Zeit sowie sachbezogenes, auch landes- oder sprachspezifisches Fachwissen.

Welche Bedeutung der Dolmetscher Emil Krebs für den des Chinesischen unkundigen deutschen Gesandten Alfons Freiherr

Mumm von Schwarzenstein hatte, macht die Lithographie von Ernst Heilemann während der Unterzeichnung des Boxer-Protokolls am 7. September 1901 in der Pekinger Gesandtschaft deutlich: Im Kreis der Diplomaten von Belgien, England, Frankreich, Italien, Japan, den Niederlanden, Österreich-Ungarn, Russland, Spanien sowie den USA und den Bevollmächtigten von China hatte Krebs seinen Platz unmittelbar neben Alfons von Mumm.

Noch während dieser Verhandlungen erfolgte wohl auf Betreiben des Gesandten am 1. August 1901 durch Reichskanzler Bernhard von Bülow die Ernennung von Emil Krebs zum 1. Dolmetscher der Deutschen Gesandtschaft in Peking. Offensichtlich war auch der chinesische Kaiserhof beeindruckt: Krebs wurde mit dem „Orden des Doppelten Drachen" geehrt.

Das kommt nicht oft vor. Übersetzern und Dolmetschern ist eines gemeinsam: Sie verrichten ihre Arbeit im Schatten. Das fällt bei Dolmetschern auf, wenn die Kamera medienwirksame Bilder zeigt: Da unterhält sich eine Deutsche gestenreich mit einem Franzosen, obwohl sich beide gar nicht unterhalten können, weil er kein Deutsch und sie kein Französisch spricht. Nur im „Off" wird sichtbar, wie flink und dezent der Schatten dann vermittelnd eingreift.

Nicht immer erleben Dolmetscher oder Übersetzer so souveräne Partner wie den spanischen Schriftsteller Camilo Jose Cela, der in eine Neuauflage seines Romans „La colmena" („Der Bienenkorb") eine Fußnote einfügte: „Meine Übersetzerin ins Deutsche, Gerda Theile-Bruhns, machte mich darauf aufmerksam, dass Padilla nicht der Schuhputzer, sondern der Streichholzverkäufer ist. Sie hat recht, und ich korrigiere den Lapsus."

Dem Volk aufs Maul schauen, das hatte bereits im Jahre 1530 Martin Luther im „Sendbrief vom Dolmetschen" empfohlen: Man muss den Leuten „auff das maul sehen, wie sie reden, und darnach dolmetzschen". Ob in Deutsch oder in einer der zahlreichen Sprachen, die Krebs beherrschte, es gilt, den „Geist der Sprache" aus dem Original in die Übersetzung zu retten. So betrachtet, sind

Übersetzer und Dolmetscher, ob sie nun als Einzelgänger oder Eigenbrötler angesehen werden, vor allem „Kuriere des Geistes", die Menschen und Kulturen miteinander verbinden.

Die vorliegende Publikation wurde von Gunnar Hille und Antonio Reda, den Leitern von Sprachenlernzentrum und Sprachendienst des Auswärtigen Amts angeregt. Ausgangspunkt war die Materialsammlung von Eckhard Hoffmann, dem Großneffen von Emil Krebs. Auf dieser Basis schildert Hoffmann das Leben seines Vorfahren, ergänzend wurden eigene Texte von Emil Krebs eingefügt.

Mit einer „neurobiologischen Annäherung" spannt Katrin Amunts, die sich intensiv mit dem Gehirn von Krebs beschäftigt hat, schließlich den Bogen über den Tod des Sprachgenies hinaus.

Unabhängig vom politischen Umfeld der Tätigkeit von Emil Krebs in China, die mit der Zeittafel „Ein Kapitel deutscher Kolonialgeschichte" und mit dem Beitrag „Ins kuenfftige neu Teutschland" von Jürgen Stich beleuchtet wird, war es nach Ansicht von Autoren und Herausgeber an der Zeit, darauf aufmerksam zu machen, dass im Auswärtigen Dienst exzellente Diplomaten und herausragende Sprachmittler tätig waren und sind.

Auf den grundsätzlichen Zusammenhang von „Sprache und Diplomatie" weist Hans-Ulrich Seidt, seit September 2009 Botschafter der Bundesrepublik Deutschland in Seoul (Südkorea), in seinem Beitrag hin.

Nicht zuletzt ermöglicht die Beschäftigung mit Emil Krebs eine vertiefende Betrachtung der deutsch-chinesischen Beziehungen in Geschichte und Gegenwart, die in unserer rasant zusammenwachsenden Welt einen besonnenen und unaufgeregten Dialog befördern könnte.

Peter Hahn
Berlin, im September 2011

Otto Julius Bierbaum nach einer Fotografie von Hugo Erfurth

To-lu-to-lo oder Wie Emil Türke wurde
Otto Julius Bierbaum

Otto Julius Bierbaum (1865-1910) studierte – wie Emil Krebs – ab dem Jahr 1887 an der Juristischen Fakultät der Königlichen Friedrich-Wilhelms-Universität zu Berlin Jura und am „Seminar für Orientalische Sprachen" Chinesisch. Er brach das Studium ab, bestritt seinen Lebensunterhalt mit dem Schreiben von Feuilletons und wurde als Journalist, Redakteur, Herausgeber, Librettist und Schriftsteller bekannt. „Es könnte sein", urteilte Thomas Mann im Jahr 1910, „dass manch sangbares Lied seines Mundes noch lebt, wenn vieles, was heute gewichtiger dünkt, vergessen ist." 1893 veröffentlichte Bierbaum seine „Leichtfertigen Geschichten", darin die Erzählung „To-lu-to-lo oder Wie Emil Türke wurde", bei dessen Hauptperson es sich um den ehemaligen Kommilitonen Emil Krebs handelt.

Leichtfertige Geschichten: To-lu-to-lo oder Wie Emil Türke wurde.
Illustration von Franz Christophe (1875-1946)

Mein Freund Emil war ein merkwürdiger Referendar: Es genügte ihm nicht, Referendar zu sein. Er wollte durchaus nach China. Nicht etwa, dass er an einer Stangenschen Weltreise hätte teilnehmen wollen. Nein, es war nicht eitle Vergnügungssucht oder seichte Neugierde; es war Ehrgeiz.

Emil hatte es sich in den Kopf gesetzt, schnell Karriere zu machen und auf ungewöhnliche Weise. Aber es war ihm nicht verborgen geblieben, dass es bei der erstaunlichen Fruchtbarkeit, die Mutter Germania in der Erzeugung von Referendaren an den Tag legt, seine Schwierigkeiten hat, selbst durch ungemeine Leuchtkraft juristischen Genies das Anciennitätstempo der Beförderung zu durchbrechen, und außerdem erblickte er, so genau und scharf er sich auch umsah, keine Gelegenheit, auf ungewöhnliche Manier, also außerhalb der offiziellen Klimmleiter, ein höherer Würdenträger zu werden. Denn er war nicht einmal in einem gewöhnlichen, geschweige denn in einem „besseren" Korps aktiv gewesen und hieß übrigens bloß Meyer.

Indessen, es fehlte ihm nicht an Findigkeit, und so hatte er entdeckt, dass im auswärtigen juristischen Staatsdienste ein sehr viel schnelleres Tempo des Avancements statthat, und dass dieses Tempo sich im Verhältnis zur Entfernung von Deutschland beschleunigt. Daher beschloss er, kaiserlich deutscher Konsul in China werden zu wollen.

Da traf es sich für den kühnen Referendar nun sehr gut, dass just um die Zeit, als er die erste juristische Würde erworben hatte, das Seminar für orientalische Sprachen in Berlin gegründet wurde, und zwar vornehmlich und ausgesprochenermaßen zu dem Zwecke, jungen Rechtsbeflissenen Gelegenheit zur sprachlichen Ausbildung für den Dienst in den ostasiatischen Ländern zu geben. Es schien fast, als habe das Reich bei dieser Gründung ausdrücklich die Pläne Emils im Auge gehabt, und diesem war nur das eine fatal dabei, dass das Seminar auch den exotischen Ehrgeiz anderer Jünger der Jurisprudenz aufwecken musste. In der Tat fanden sich in der chinesischen Klasse eine ganze Anzahl junger Juristen zusammen, aber zu seiner Genugtuung konnte Emil konstatieren, dass das zumeist Jünglinge waren, die das Examensieb noch nicht passiert hatten. Es war kein Zweifel, dass er mit noch zwei Referendaren als erster nach Peking geschickt werden würde, um sich dort als Dragomanatseleve auf Reichskosten noch weiter in der Sprache der Hansöhne auszubilden. Es kam nur darauf an, dass er sich bis zur ersten Diplomprüfung alles aneignete, was an sprachlichen Grundlagen verlangt wurde.

Emil tat, was in seinen Kräften stand. Nicht allein, dass er keine Stunde des Seminars versäumte, er leistete sich auch noch ein übriges. Fleißig besuchte er den gemütlichen Mandschumann und Inhaber des violetten Kappenknopfes Herrn Kuei-Lin und unterhielt sich mit ihm, der kein Wort Deutsch verstand, nach Möglichkeit chinesisch, immer das Notizbuch in der Hand und unermüdlich bedacht, mit Bleistift die Zeichen nachzumalen, die der Pinsel des gefälligen Chinesen vormalte. Auch sah man ihn oft mit dem bezopften alten Herrn Straßen, Läden, Sammlungen besuchen, immer nur zu dem Zwecke, bei jedem Dinge zu fragen: Dscho sche schommo (was ist das?) und so sein chinesisches Vokabular zu bereichern.

Es ist klar, dass Emil dabei nicht viel Zeit für die Dinge übrigbehielt, die sonst den Referendar in Berlin heiter in Anspruch nehmen. Zumal den Mädchen gegenüber befleißigte er sich einer strengen, ja eisigen Zurückhaltung, wie man sie sonst gewöhnt ist, mehr bei Predigtamtskandidaten als bei Referendaren vorauszusetzen.

Dies Benehmen muss verdienstlich genannt werden. Denn Emil war eigentlich nicht ohne Anlage für weiblichen Umgang und auch nicht ohne Neigung dazu. Zwar war er ein bisschen klein und hatte in seinen Bewegungen etwas Schüchternes, aber man weiß, dass das manchmal recht beliebt ist. Und dann besaß er einen entzückenden Schnurrbart, und seine Augen, groß und blau, ließen auf die Gabe hingebender Zärtlichkeit schließen. Mit Recht. Emil war wirklich eine zärtliche Natur, und er wäre wahrscheinlich ein ganz verliebter Referendar gewesen, wenn nicht der Ehrgeiz und sehr solide Erziehungsgrundlagen das Gegengewicht zu den zärtlichen Seiten seines Wesens abgegeben hätten. China war es, das ihn gebietend von der Liebe wegwinkte. Er lief vor jeder Verführung davon und rettete sich hinter seine Notizbücher mit ihrem Urwalde von verzwickten, wie Bambushalme neben- und durcheinander aufsprießenden chinesischen Schriftzeichen.

Aber, man weiß es ja: die Liebe würde selbst einen meterdicken Wall, bedeckt mit Keilschrift, umwerfen. Und flöhest du in das Dickicht der Dschungeln, Emil, verschanztest du dich selbst hinter den goldenen Ahnentafeln des Kung-su-tse, ja, wenn die chinesische Mauer selber dein Bollwerk wäre gegen die Liebe – sie kriegt dich doch, wenn's ihr gefällt, dich kriegen zu wollen.

Eines Abends saß Emil an seinem Schreibtisch und bemühte sich, eine Depesche des Tsung-Li-ya men, wie sich das chinesische Auswärtige Amt in Peking nennt, zu übersetzen. Es ging schon ganz gut; nur ein halb Dutzend Zeichen etwa wollten ihm nicht eingehen. Er musste, um ihrer Bedeutung habhaft zu werden, alle seine Hefte durchsuchen. Keine kleine Mühe das! Man kann nervös dabei werden und den Chinesen ein Alphabet wünschen. Und wenn nun gar im Nebenzimmer, das von dem deinen nur durch so eine Berliner Papiermaché-Mauer geschieden ist, fortwährend Schritte hin und her trippeln, Schubladen aufgezogen, Stühle gerückt und weibliche Seufzer ausgestoßen werden, so magst du ein noch so strebsamer Referendar sein, du wirst abgelenkt und fängst an zu denken: „Na, was hat sie denn da drüben!" Emil warf seinen Kopf, der eben noch im Kollegheft steckte, mit einem ärgerlichen Zungenschnalzen zurück, trommelte einen sanft nervösen Generalmarsch auf dem Zettel mit der chinesischen Depesche und wandte sich unwirsch nach der Wand hin, hinter der das Getrippel, Gerücke, Geseufze fortdauerte. Er hatte Lust, Silentium! zu rufen, aber, mein Gott, es war ja schließlich eine Dame. Zwar bloß eine „höhere Näherin", wie sie von der Wirtin mit berlinisch nuanciertem Respekt genannt worden war, aber immerhin:

ritterlich, Emil, ritterlich! Er senkte sein suchendes Haupt wieder über das Glanzlederheft und fuhr mit dem rechten Zeigefinger der Hand die Schriftsäulenzeichen auf und ab. Da ging drüben eine Tür, und er hörte die höhere Näherin nach der Wirtin rufen. Einmal, zweimal, dreimal. Aber vergeblich. Nun die Worte: „Gott ist das dumm!" Und ein neuerliches Geseufze. Emil fing an, zu kombinieren: Am Ende fehlt dem Mädchen was; vielleicht ist ihr unwohl; sie seufzt ja in einem fort, und nun ist die Wirtin nicht da! Ich sollte doch wohl eigentlich fragen, ob ich nicht ... Unsinn! Sie rennt ja ganz flott im Zimmer hin und her. Hol dich der ...

Da hörte er auf einmal ganz deutlich, wenn es auch nur halb geflüstert wurde-, Herr Doktor?! ...

Emil richtete sich stracks auf: Nanu? Da meint sie wohl mich?

Herr Doktor? ... Ach entschuldigen Sie ...

Befehlen?

Ach, Herr Doktor, möchten Sie nicht ... verzeihen Sie nur ... ich muss einen Brief schreiben und finde keine Feder ... und Frau Kummer ist ausgegangen ... und es ist schon so spät ...

Eine Feder möchten Sie? Aber natürlich, mit dem größten Vergnügen! Breit oder spitz? Er war ganz Hilfsbeflissenheit und ritterlich erregt. Die Stimme gefiel ihm übrigens. Es ist doch nett, wenn ein Mädchen hinter ihrer Tür einen anflüstert. Das hat so was ... na ... so was Zutrauliches.

Ach, bitte, lieber spitz, wenn Sie Auswahl haben.

Einen Augenblick, Fräulein, ich habe auch ganz spitze. Er warf seine kostbaren Hefte rücksichtslos durcheinander und suchte mit noch größerem Eifer, als er eben chinesische Zeichen gesucht hatte, nach spitzen Federn. Dabei überlegte er sich, wie er sie überreichen sollte. Er war schon wirklich ein bisschen sehr schüchtern. Sollte er durch seine Tür ... ? ... oder erst über den Gang ... ? Vielleicht den besseren Rock anziehen ... ? Sich in aller Form vorstellen? ... Oder am Ende –: einen Witz machen? ... Ja, einen Witz! Recht forsch! ... aber – was für einen? Indessen hatte er die Feder gefunden. Schnell noch an den Spiegel! Und, ja, den besseren Rock! Leise! Merken darf sie das nicht. Auch ein paar Bürstenstriche über den Scheitel und, natürlich, den Schnurrbart gut nach oben! So. Und nun ... aber wo habe ich doch die Feder hingelegt! In aller Welt, wo hab' ich sie nur hin ... Gottlob, da ist sie. So, nun hinüber ... nein, nein, nicht durch die direkte Tür! das wäre doch wohl ... Nein, über den Gang. Soll ich: Mein Name ist ... oder: Das ist aber nett, dass Sie keine Feder haben! ... Eigentlich ist diese Geschichte recht fatal ... Er fing an ängstlich zu werden. Wenn ein Dienstmann zur Hand gewesen wäre, hätte er den die Kommission besorgen lassen. Indessen, das Schicksal hatte ihn schon mit sicherem Griff am Kragen und geleitete ihn, sanft schiebend, an die Tür der höheren Näherin.

Bitte, Herr Doktor! ...

Emil rang noch mit einem Witze, als er über die Schwelle trat, aber als er über der Schwelle war, fand er nicht einmal gleich Worte zu einer ganz simplen Einführung. Verflucht noch mal: diese höhere Näherin sah ja aus wie eine ... ja ... wie eine Gräfin! Und das war ja wie ein förmliches Boudoir! Die reizenden geblümten Vorhänge! Diese netten Möbelchen! Ein Teppich! Spitzengehänge über dem Waschtisch! Und dieses pompöse Gestell da, dieses Gardinenwerk über glitzernden Messingstangen – mein Gott, in so einem Himmelbette schläft eine Näherin! Wo hat sie denn übrigens ihre Nähmaschine? He? Sie wird doch nicht etwa ... ? ... Dieses Odeur ... ! ... Der Schlafrock ... ? ... Gib deine Feder ab, Emil, und fleuch in den Bambuswald deiner chinesischen Charaktere! Emils Auge, gewohnt an das kahle schwarze Gewirr seiner Schriftzeichen, sah diese neue Umwelt nicht ganz exakt, sondern mehr in einem Schimmer aus eigener Zutat, aber soviel war richtig: Fräulein Gertrud Seubert hatte sich recht geschmackvoll und gemütlich, mit einem unverkennbaren Sinn fürs elegant Trauliche, eingerichtet. Sie hatte den Stil ihrer Persönlichkeit auf ihr Zimmer übertragen. Und dieser Stil, man musste nur das angenehm üppige, doch nicht übervolle Mädchen ansehen mit ihren schönen blonden Haaren, ihrer weißen Haut, ihren lustigen blauen Augen und den sehr wohlgepflegten kleinen Kinderhänden, dieser Stil war nicht klassisch, nein, gar nicht, sondern eine Art modernes Barock, aufs Amüsante, rundlich Ausgeschwungene, Bunte gehend. Eine Vestalin, das konnte ein Blinder mit Genuss greifen, war sie nicht, aber Emils bange Fragezeichen drehten die Fühler des Argwohns zu weit. Fräulein Gertrud befand sich in einer sozial unantastbaren Stellung und in einer sehr wichtigen dazu: sie war keineswegs bloß eine höhere Näherin, wie die törichte Frau Kummer mit der übel angebrachten Verkleinerungssucht der Berlinerin gesagt hatte, sondern sie gehörte dem Generalstabe der Berliner Konfektion an, als welche, wie man weiß, die halbe Welt mit Damengarderobe versorgt; sie war Direktrice in einem der ersten Berliner Konfektionsgeschäfte.

Damit ist zugleich gesagt, dass sie das ahnungsbange Backfischalter schon eine gute Weile hinter sich hatte. Auch im Konfektionsgeschäfte erreicht man die höheren Würden nicht vor einer gewissen Altersreife. In der Tat, es war nicht mehr lange hin, und diese molligen kleinen Füßchen, die augenblicklich in moosgrünen Pantöffelchen mit heliotropfarbenen Schleifen steckten, mussten über die bei Frauen wenig beliebte Schwelle, über der die fatale 30 steht. Aber mit einem so munteren Gesichte, mit diesem festen Fleische, diesen alerten Bewegungen und vor allem mit diesem zuversichtlichen Humor, der dem Leben noch die amüsantesten Überraschungen zutraut – was verschlägt da so ein törichter arithmetischer Lebensabschnitt. Amor rechnet nicht mit Zahlen, sondern mit reellen Werten.

Emil der Referendar fühlte sich also etwas beklommen im parfümierten Dunstkreise seiner Nachbarin. Du lieber Gott, hier hatte er sich mit einem „Witz" einführen wollen! Vor des deutschen Gesandten in Peking Exzellenz hätte er nicht vertatterter sein können. Fräulein Gertrud bemerkte die Schüchternheit mit Wohlgefallen. Gerade das hatte sie jetzt gerne. Sie mochte die betont schneidigen Herren nicht mehr, die die Stiefelabsätze aneinanderschlagen wie Husarenleutnants und aus der deutschen Sprache ein

Schnarrwerk machen. Wie sie den schüchternen Emil so vor sich stehen sah, nicht gerade in der Jammerstellung, wie wir sie bei den betrippten Jünglingen des deutschen Lustspiels wahrnehmen, aber doch einigermaßen in verlegener Schräge, da hatte sie gleich ein recht angenehmes Gefühl, wie nett sich hier Bemutterung mit anderweiter Zärtlichkeit verbinden lassen möchte.

Da Emil durchaus nichts sagte, sondern nur zwischen Daumen und Mittelfinger der rechten Hand die spitze Stahlfeder ihr entgegenhielt, so meinte sie, dass es gut sei, ihrerseits Worte verlauten zu lassen.

Sie sprach: jetzt hab' ich Sie gewiss in einer wichtigen Arbeit gestört, Herr Doktor! und nahm mit einem hellen Lächeln die ganz warm gewordene Feder aus Emils Fingerklemme.

Ach, es … es ist mir ein Vergnügen, Fräulein. Ich habe nur ein bisschen in meinen Kollegheften nachgesehen.

Und da habe ich Sie nun mit meiner dreisten Bitte herausgerissen! Ich kann mir schon denken, wie unangenehm das ist. Wer weiß, ob Sie nun gleich wieder hineinkommen in Ihre chinesischen Geschichten. Gott, das muss furchtbar schwer sein!

Emil blickte erstaunt auf. Das Fräulein lachte.

Sehen Sie, ich weiß schon, was Sie studieren. Ich hab' Sie sogar schon chinesisch reden hören!

Emil wurde immer erstaunter, aber zugleich hatte er ein Gefühl der Genugtuung. Da er es selber für keine kleine Sache hielt, sich mit einem Chinesen chinesisch unterhalten zu können, so nahm er an, dass das auch anderen respektabel erscheinen müsste.

Er fragte: Mich … ? Chinesisch … ? Aber wo denn?

Ja, antwortete Fräulein Gertrud, ich habe Sie ganz aus der Nähe bewundert, bei Gerson, in der Frühjahrsausstellung! Aber hässlich ist Ihr alter Chinese. So was von Mann! Sind denn die Chinesen alle so? Jetzt nahm Emil das Gebaren des Wissenden, heiter Wissenden an. Er lächelte und strich sich den Schnurrbart, indem er sprach: Sie sollten da nur einmal meinen Südchinesen sehen, Herrn Pan-Wei-Fu aus Kanton! Der ist sogar sehr nett!

Ja, haben Sie denn gleich, zwei Chinesen?

Eigentlich geht mich nur der Peking-Mann an, der Alte. Ich studiere nämlich Nordchinesisch, die Beamtensprache ...

Gott, haben denn da drüben die Beamten eine Sprache für sich? Das ist doch komisch! Ach, Herr Doktor, erzählen Sie mir doch ein bisschen!

Die Direktrice hatte es sehr schnell ergriffen, dass dieser schüchterne Herr bei seinen Kenntnissen genommen sein wollte. Der Umweg war ihr neu, aber amüsant.

Emil war sofort bereit, die Wissbegierde der Nachbarin zu stillen, die ihm nun gleich anfing, sehr sympathisch zu werden. Er ließ sich gern einladen, auf einem der kleinen blausamtenen gepolsterten Stühle niederzusitzen, und er hielt mit seinen Kenntnissen über das blumige Reich der Mitte nicht zurück. Was Fräulein Gertrud auch fragte, Herr Emil hatte eine Antwort.

So saßen sie im roten Lampenscheine recht angenehm beieinander und schoben sich gemütlich Frage und Antwort über die wunderlichsten Dinge des chinesischen Lebens zu, während das eigentliche Interesse ihres Gespräches sich in konzentrischen Kreisen mehr und mehr an eine nähere Sphäre heranschob. Emil fing schon an, nur noch halb in China zu sein, da stieß Fräulein Gertrud, als es eben auf ihrer Standuhr elf schlug, ein leises Ach! aus: Gott, schon elf! Jetzt wird gleich Frau Kummer aus ihrem Kränzchen kommen. Hm, ist das dumm! Nich? Wir waren so nett im Plaudern! Aber so eine alte Tante ... na, Sie können sich denken ... da muss man schon ... Aber nicht wahr, Sie erzählen mir mal weiter ... ?

Sie gab ihm über den Tisch weg mit einem ungemein einladenden Blick die Hand, und die liberale Machart des Schlafrockes brachte es mit sich, dass dabei der halbe rechte Arm in seiner ganzen weißen Fülle zum Vorschein kam. Himmel, wie gefiel das dem Referendar! Er ergriff die kleine Hand und – ja, was wollte er denn? – behielt sie eine Weile in der seinen. Währenddessen erklärte er mit großer Bestimmtheit, dass es ihm ein ungemeines Vergnügen sein werde, seinen „Vortrag" sobald als möglich fortzusetzen. Aber wann?

Die Direktrice lächelte: Bringen Sie mir doch den Halter herüber, der zu der Feder gehört, Herr Doktor! So kann ich ja doch nicht schreiben!

Richtig! rief Emil und ließ die Hand los, um sich an die Stirne zu schlagen. So was! Eine Feder und keinen Halter!

Draußen ging eine Tür.

Herrgott, die Frau Kummer! Wie komm' ich nun wieder hinaus? Pscht! machte die Direktrice und schob den Riegel an der Zwischentür zurück. Und nun, ganz leise, ihm über die Schultern her flüsternd, während sie ihn hinausschob: Ich brauche den Halter noch heute ... in einer Stunde vielleicht ... ja? ...

Die Türe zu.

Emil stand in seiner Stube. Brühheiß stand er da und sah sich erstaunt um. Dann lief er mit großen Schritten in seinem Zimmer auf und ab: In einer Stunde! Ah! ... ja ... aber ... am Ende ... Schließlich will sie wirklich bloß ... Unsinn!

Indessen, er nahm, als die Stunde vorüber war, vorsichtshalber doch den Halter mit.

Die Direktrice hat sich sehr darüber amüsiert: Doktorchen, im Dunkeln kann ich doch keinen Brief schreiben!

Emil, oder der verführte Referendar – kein Zweifel, das Schicksal hatte es vor, aus ihm ein ganz absonderliches Exemplar seiner Gattung zu machen. Aber wie bei seinen erstaunlichen chinesischen Studien, so fühlte er sich auch bei seinem erstaunlichen „Verhältnisse" sehr wohl. Er widmete sich ihm mit derselben stillen und stetigen Hingabe wie der Pekinger Beamtensprache, wenn auch nicht mit demselben guten Gewissen.

Anfangs, am Tage nach dem Abenteuer, hatte er sogar an Flucht gedacht. Ausziehen! Sofort ausziehen, noch ehe die Direktrice in ihr blausamtenes Privatmilieu zurückgekehrt war! Aber das hätte ihm nicht bloß für den angerissenen, sondern auch für den folgenden Monat doppelte Miete gekostet, denn soviel musste er sich als Jurist wohl sagen, dass die Nachbarschaft eines liebenswürdig aggressiven Mädchens nicht zu den Fällen rechnet, die zum kündigungslosen Aufgeben eines Mietvertrages berechtigen. Und als dann Fräulein Gertrud abends ein Papierröllchen durch das Schlüsselloch schob, darauf die Worte zu lesen waren: „Wie geht's meinem kleinen Chinesen? Nicht vergessen: einhalb zwölf Uhr!", da fand er die Idee einer heimlichen Flucht überhaupt unwürdig, unmännlich und absurd. Er hat auch nie wieder Anwandlungen dieser Art gehabt. Im Gegenteil: er verliebte sich. So soliden Leuten sind „Verhältnisse" am gefährlichsten, und wenn ein Schüchterner auftaut, gibt's gleich einen See.

Feurig und überschwenglich wurde er ja nicht, und zum Versemachen ließ ihm schon das Chinesisch keine Zeit, aber er nahm die Sache gleich tief und bieder. Sein ganzer Grundschatz an Zärtlichkeitsgefühlen schwamm nach oben und lud sich breit und gründlich aus. Die Beiwürze des Unerlaubten, Heimlichen (Frau Kummer!) schmeckte ihm zwar ungewohnt und bedrohlich, aber im Grunde doch auch gut. Auch dem soliden Manne gewährt es ja eine wunderliche Genugtuung, wenn er sich einmal still bekennen zu dürfen glaubt: Siehe da, ich bin doch kein Philister!

Zudem war er wirklich in guten Händen! Die Direktrice wusste der Sache ein allerliebstes Wesen von bürgerlicher Ordnung zu geben. Alles Wilde, alles, was der guten Kinderstube Emils fatal zuwider hätte sein können, vermied sie. Es war eine säuberliche Art des Unerlaubten. Netter konnte man gar nicht hinter den Kulissen der Moral vergnügt und verliebt sein. Sie ging sogar auf Emils Chinesisch ein. Ihren Namen, Trudel, ließ sie sich chinesisch aufbügeln, so dass To-lu-to-lo daraus wurde, weil ja die Nordchinesen so wunderliche Sprachwerkzeuge haben, dass sie kein R und die meisten anderen Konsonanten wenigstens nicht als Auslaut aussprechen können. Alles das lernte sie mit spaßiger Aufmerksamkeit und auch: wo ai ni (ich liebe dich) konnte sie sehr hübsch sagen. Emil repetierte direkt mit ihr des Abends, was er in der Frühe im Seminar gelernt hatte, wenigstens, soweit es die Zeit und die Notwendigkeit, in Flüstertönen zu sprechen, erlaubte. Diese Notwendigkeit fiel nur an den Sonntagen weg, die man zu allerlei Ausflügen benutzte. Man bevorzugte dabei durchaus die Teile der Berliner Umgebung, die nicht völlig mit Butterbrotpapieren und ähnlichen Dokumenten berlinischer Naturschwärmerei garniert sind. Im Tegeler See gibt es ein paar kleine heimliche Inseln, wo verliebte Leute die Natur ganz ungestört auf ihre Art genießen können. Da gingen sie gerne hin. Eigentlich waren To-lu-to-los Kleider zu elegant für Idyllen, aber da sie vom Metier der schönen Kleider war, hatte sie nicht das Bedürfnis, mit ihnen vor der Welt Staat zu machen.

Ach ja, sie waren sehr glücklich so miteinander. Ein halbes Jahr verfloss in völlig ungetrübter Zärtlichkeit, und Emil nahm, wie an Chinesisch, so auch an Liebe immer noch zu. Der Gedanke, nach China zu gehen, war ihm schon gar nicht mehr so verlockend, denn dass ein Dragomanatseleve sich in Peking mit einer Berliner Direktrice vorstellen sollte, war ebenso ausgeschlossen wie die Möglichkeit, To-lu-to-lo ihrer Konfektionstätigkeit in der Jägerstraße zu entziehen. Bis zur Diplomprüfung war es freilich noch ein ganzes Jahr hin. Aber was ist ein Jahr für ein kümmerlicher Zeitabschnitt, wenn man so verliebt ist wie Emil. Er fing an, China zu verwünschen und auf eine Revolution in Peking zu hoffen, die den Abbruch der diplomatischen Beziehungen mit diesem gefährlichen Lande herbeiführe.

To-lu-to-lo war ruhiger. Sie fand den kleinen Chinesen immer noch sehr nett, und wie das alles in so guten, glatten Geleisen lief, das behagte ihr schon recht wohl, aber Perspektiven in die Ewigkeit hatte sie von vornherein nicht angelegt, und überdies konnte sie sich vorstellen, dass eine kleine Abwechslung am Ende auch nicht bitter wäre. Wenn die Sonntagsausflüge jetzt mehr in belebtere Gegenden, am liebsten in Konzertgärten, gerichtet wurden, so war das ausschließlich ihr Werk. Sie wollte plötzlich „Menschen sehen".

Man muss sich auch etwas unterhalten, sagte sie.

Aber hast du nicht mich? sagte er.

Freilich, mein Süßes, aber dich hab' ich ja auch so, und das mit dem Unterhalten mein' ich überhaupt anders.

Aber wie denn?

Na ja, so, weißt du, dass man mal neue Gesichter ... Du, sag mal, kannst du nicht mal deinen Chinesen mitbringen? Das stell' ich mir riesig drollig vor, mit einem Chinesen unter den Zelten!

Herr Kuei geht sonntags nicht gerne hin, wo viele Menschen sind.

Na, dann bring einfach den anderen Onkel mit, den Südlichen. Oder fürchtet der sich auch vor den Berlinern?

Nein, aber ... der Kanton-Mann ... ich muss ,dir offen gestehen ... der ist mir nicht gerade sehr angenehm ... Mit Damen kann man ihn eigentlich nicht gut zusammenbringen. Er ... weißt du ... er hat so orientalische Begriffe ... ja ... und er soll manchmal direkt frech werden.

Na, Gott, wenn er doch ein Chinese ist.

Ja, Ja, du musst mich nicht falsch verstehen; ich mache ihm keinen Vorwurf. Er hat eben andere Kulturanschauungen, aber ich mag dich doch keinen Dummheiten bei ihm aussetzen.

To-lu-to-lo lachte. Bist du komisch! Jetzt soll sich eine Berlinerin vor einem Chinesen fürchten! Nu erst recht! Ich will dir doch zeigen, dass ich mit so einem gelben Onkel fertig werde.

Nun so war denn freilich kein Ausweg; Direktrice kommt von dirigieren. Am Sonntag, der auf dieses Gespräch folgte, traf man sich mit Herrn Pan-Wei-Fu in der Flora zu Charlottenburg.

Der Herr aus Kanton war wirklich ein schöner Chinese. An den Typus des Apollo von Belvedere zu erinnern verbot ihm freilich seine Eigenschaft als mongolischer Mensch, aber mongolisch genommen konnte er sich sehen lassen. Ziemlich lang und sehr schlank, in den Bewegungen eine würdevolle Steifheit, leise belebt durch eine gewisse Eleganz von selbstbewusster Grazie; die Gesichtsfarbe durchaus creme; die Augen schwarz und funkelnd wie überreife Brombeeren, nicht übertrieben schief liegend und auch nicht allzu schmal; die Nase beträchtlich, der Mund etwas aufgeworfen mit sehr vollen Lippen; der bis auf den Hinterkopf glatt rasierte Schädel schmal und lang; der glänzend schwarze Zopf zweifellos echt und voll, bis in die Kniekehlen hängend. Seine Hauptzierde und sein Stolz aber waren die überaus feingegliederten Hände mit den tadellos gehaltenen langen Nägeln.

Er hatte sich, wenn auch nicht mit dem Staatskleid des Gelehrten von Rang, so doch mit einem besonders kostbaren Gewande angetan: das Unterkleid moosgrün, das Oberkleid hechtblau, in den Ärmelöffnungen ultramarin. Statt des gewöhnlichen Klappfächers trug er einen runden Stielfächer, der auf gelber Seide reiche bunte Bemalung aufwies. Auf fünf Meter hin verbreitete er ein Gedüfte von Moschus und Kampfer.

Hocherhobenen Hauptes trat er auf seinen dickfilzsohligen braunen Stiefeln einher, und als ihm To-lu-to-lo vorgestellt wurde, legte er die leise geballten schönen Hände sanft aneinander und schüttelte sie mit vollendetem chinesischem Anstande ein paarmal der Direktrice entgegen. Dann sagte er sofort: China-Mann sehr lieben Berlin-Weib. Ja! Gewiss! Gewiss! Immer! Sehr!

Dazu machte er ein überaus seriöses Gesicht, indem er To-lu-to-lo mit weit geöffneten Augen bis ins einzelne musterte. Als er damit fertig war, wandte er sich zu Emil und erklärte: Gut! Dick! Ja! Sehr!

Die Direktrice fand das reizend und lachte mit vollem Gesicht, indem sie ihre chinesischen Kenntnisse verwendete und fragte: Hao-pu-hao? (Wie geht's Ihnen?)

Hen Hao! Hen hao: (Sehr gut!) antwortete entzückt Herr Pan, schob Emiln, der an To-lu-to-los Seite ging, entschlossen weg und begab sich an den frei gewordenen Platz.

Emil erklärte ihm mit den besten chinesischen Höflichkeitswendungen, dass das des Landes nicht Brauch sei, aber der Herr aus dem chinesischen Süden erwiderte bloß in einer Art von Hammerrhythmus deutsch: Das geht! Ja, ja! Das geht! Er wollte damit sagen: Sie haben ja so recht, aber ich bin aus Kanton.

Emil war entrüstet und hätte gewünscht, dass es To-lu-to-lo auch gewesen wäre. Aber die war sehr vergnügt. Sie fand den offenherzigen China-Mann nicht bloß amüsant, sondern auch viel interessanter als den säuberlichen Emil, der immer bloß mit den Augen flüsterte. Er drängte sich ja bedenklich nahe an sie heran, und sein Geruch war ein bisschen bedrückend, aber sie empfand doch eine sehr eigene, ganz neue und gar nicht unangenehme Sensation. Sie hatte ursprünglich gedacht, der Chinese würde ein bisschen eklig sein, aber nein, gar nicht! Im Gegenteil, anziehend, sehr anziehend! Alles an ihm fand sie so ... so ... rätselhaft ... so angenehm merkwürdig ... so ... na ja, dass man ganz dahinterkommen möchte.

Sie gab sich ausschließlich mit Herrn Pan ab und nahm den empörten Referendar nur noch als Dolmetscher in Anspruch: Du, sag ihm mal, ich möchte gerne wissen, ob er außer seiner richtigen Frau auch noch ein paar Gemahlinnen zweiten Ranges hat? Aber To-lu! Das schickt sich doch nicht! Er musste aber doch fragen.

Zur Antwort hob Herr Pan drei Finger empor und lachte: Ja! ja! Gewiss! Sehr! Das geht! Das geht!

Und To-lu-to-lo: Nun frag ihn mal, ob sie nett sind, seine Frauen. Aber To-lu! Was muss er sich denn nur von dir denken! Er musste aber doch fragen.

Herr Pan wiegte sein schmales Haupt hin und her, dann rief er: Das geht! Das geht! Diesmal sollte das heißen: Wie man's nimmt! Augenblicklich bin ich für Sie, mein Fräulein.

Er wurde aber noch deutlicher in der Zeichensprache. Er nahm To-lu-to-los rechten Zeigefinger und placierte ihn neben die drei Finger, die seine Gattinnen vorstellten. To-lu-to-lo wollte sich ausschütten vor Lachen, aber Emil fand diese stumme Werbung schamlos und impertinent. Er ballte seinen chinesischen Wortschatz zu einer zornigen Abkanzelung zusammen, die Herrn Pan an seine Pflichten als Ehemann und an seine Stellung als kaiserlich deutscher Lektor des Südchinesischen am orientalischen Seminar erinnern sollte. Aber der entartete Gatte und Lektor hatte wieder bloß sein leidenschaftsloses Universalwort: Das geht! Das geht!

Ein gewisser Ton darin zeigte deutlich, dass es diesmal heißen sollte: junger Mann, kümmern Sie sich nicht um chinesische Sittengesetze! In diesem Stile, an dem To-lu-to-lo sehr viel, Emil aber gar keinen Gefallen fand, ging es fort, bis es Zeit war, die Flora zu verlassen und irgendwo in Berlin zu Nacht zu essen. Emil bemühte sich, dem zügellosen Mann aus Kanton klarzumachen, dass er es für seine Pflicht halte, ihn vorher in seiner Pension abzuliefern, aber Herr Pan erklärte, dass es die chinesische Höflichkeit nicht zulasse, eher nach Hause zu gehen als eine Dame, mit der man sich gut unterhalten habe. Emil musste sogar seine Zeche bei Kempinsky mit bezahlen und schließlich auch die Droschke, in der er den vom Champagner überfidel gewordenen Gelehrten der sechsten Rangklasse nach Hause schickte. Noch aus dem Droschkenfenster heraus sandte Herr Pan merkwürdig stilisierte Kusshände an To-lu-to-lo, unablässig mit dem Kopfe nickend und laut rufend: Das geht! Das geht!

Zwischen Emil und To-lu-to-lo gab es eine Szene. Der Referendar durchlief dabei die ganze Tonleiter des beleidigten Liebhabers, vom dumpfgrollenden Tremolo des schmerzlichen Vorwurfs bis zu den schrillen Fistelhöhen gebietender Energie. Die Direktrice aber, wenn sie nicht einfach: Das geht, das geht! erwiderte, indem sie sich vor Lachen nicht zu halten wusste, beschränkte sich darauf, in mannigfachen Nuancen den Standpunkt zu betonen, dass sie doch nicht seine Frau sei.

Überhaupt bist du komisch. Ich habe dir ja noch gar nicht gesagt, dass ich in diesen Chinesen verliebt bin.

Schämen sollst du dich, schämen! Erstens vor mir und dann vor dem ... dem Chinesen!

Aber so was! Weil ich ihn nett finde und dich langweilig?

To-lu ... ? Ich sage Dir ...

Was denn?

Bring mich nicht um den Verstand!

Das geht! Das geht!

To-lu! Das hätt' ich nicht von dir gedacht. Sieh mal, wir sind doch immer so nett zusammen gewesen, und du liebst mich ja doch noch ...

Ja, ja, ja! Gewiss! Sehr! Immer!

To-lu! Ich sage dir: das lass' ich mir nicht gefallen!

Nicht?

Du denkst wohl, ich bin ein kleiner Junge? Wie? Ich sage dir ... !

Na, nu hör aber bloß auf! Bange machen gilt nicht! So was! Schlaf dein Gift aus! Das mag ich nicht, so ein Getue. Gute Nacht! Sie waren an ihrem Hause. Die Direktrice ging voran. Er musste, wie sie es Frau Kummers wegen immer hielten, noch eine Viertelstunde unten bleiben.

Gott, wie fühlte er sich unglücklich, als er auf dem Trottoir drüben auf und ab lief, immer den Blick nach To-lu-to-los Fenster, hinter dessen Gardine er ihre Gestalt sehen konnte. Zum Weinen war ihm, zum Weinen! Aber vielleicht ging alles noch gut, wenn er nachher in aller Liebe ihr bewiese, wie unrecht sie handelte. Er pries zum ersten Mal die Notwendigkeit, zu flüstern. Flüsternd und im vertrauten Dunkel kann man sich doch nicht zanken.

Das Licht in To-lu-to-los Zimmer erlosch. Nun konnte er hinauf. Nie hatte er es so gefühlt, wie lieb sie ihm war, als jetzt, wie er sein Zimmer betrat und in sich die Worte erwog, die leisen, heißen Worte, die er zu ihr sprechen wollte.

Aber der Riegel war vorgeschoben. Emil erschrak ins tiefste. Ihm war wie obdachlos.

To-lu! Keine Antwort. Ich bitte dich, To-lu! Er hat noch ein paarmal gerufen, aber sie hat nicht geantwortet. Bald hörte er an ihren Atemzügen, dass sie schlief. Er legte sich nicht einmal ins Bett. Die Wollust des Schmerzes ist eine spezifische Gabe der Lyriker; Referendaren ist sie meist versagt. Emil dachte nicht einmal daran, sich rhythmisch zu entladen; nein, er schrieb, mit Einhaltung der Höflichkeitsränder oben, unten und an den Seiten, sehr deutlich und mit unverkennbaren Anklängen an jenen Juristenstil, der mit der deutschen Sprache einige Worte gemeinsam hat, einen acht Seiten langen Brief. Darin wies er zwingend nach, wie unrecht die Direktrice handle, indem sie zu ihrem üblen Betragen in der Flora und bei Kempinsky nun auch noch Trotz, Hohn und Lieblosigkeit füge. Kein Zweifel, dass es eigentlich an ihr sei, den ersten Schritt zur Versöhnung zu tun; aber sie sei ein Weib, und also wolle er sich nicht auf den Standpunkt kalter Rechtserwägungen stellen. Er habe sie viel zu lieb dazu; hier sei seine Hand; alles möge vergessen sein. Er werde sie nie daran erinnern, wie weh sie ihm getan habe. Möge nun aber auch sie ihm mit doppelter Liebe entgegenkommen.

Dieser Brief bereitete ihm dieselbe Genugtuung wie einem Lyriker ein schmerzhaft zärtliches Gedicht. Er fühlte sich, während er schrieb, intensiv und angenehm als stoisch milden, aber doch unentwegten Mann, und als er ihn geschrieben hatte, kam eine große Zuversicht über ihn: jetzt wird sie erst ganz meine Liebe und meinen Wert begreifen; gepriesen sei dieser törichte Chinese, dass er mir Gelegenheit gegeben hat, ihr einmal mehr aus mir zu offenbaren als die untergebene Zärtlichkeit des verliebten Jünglings.

Er schob, als sie nach Hause gekommen war, den Brief durch den Türspalt und hustete dreimal energisch dazu. Die Direktrice hatte so etwas erwartet und lächelte bloß, als sie das Papier niederfallen hörte. Sehr neugierig auf seinen Inhalt war sie nicht. Sie zog sich erst hübsch langsam aus, und zwar bis aufs Hemd, lockerte mit dem üblichen Seufzer der Erleichterung (den sich Emil als Reueseufzer auslegte) das Korsett und kroch in ihren blausamtenen Schlafrock. Dann begab sie sich ans Teemachen, freute sich am blauen Aufschlag der Spiritusflamme, sah wohlgefällig zu, wie das Feuerchen sich um die Nickelkanne schmiegte, wartete, indes ihre Augen sich im Schauen weiteten, auf die ersten herauspuffenden Stöße des Dampfes und goss dann mit einem Ausdruck von Befriedigung das sprudelnde Wasser über das Kraut. Drei Minuten muss er ziehen, dachte sie sich, ja nicht länger. Nun die schöne, kleine, grüne Kanne mit dem elegant gebogenen Schnabel! So! Und nun das chinesische flache Tässchen – ob das aus Kanton ist? Fein riecht er, der Tee! Nichts schmeckt besser dazu als Ingwerbiskuits. Die legte sie sich immer schon früh bereit, immer eins halb aufs andere, wie Zinnsoldaten, wenn sie in der Reihe umgefallen sind, auf einer netten Majolikaschale. Nun trinken und schnabulieren! Nachher so ein langes, dünnes Zigarettchen!

... Ob die Chinesen eigentlich den Tee auch so machen? Sie sollen keinen Zucker daran tun. Ob das schmeckt? ... Nee! Bitter! Brr! Ein Stückchen Zucker muss hinein! ... Wenn der Chinese bloß nicht so nach Kampfer und Moschus röche. Ob man ihm das abgewöhnen kann? ... Die Hände sind entschieden das Schönste an ihm ... Sonst ist er ein bisschen schmal ... Überhaupt: so merkwürdig unfleischig ... so wie aus Elfenbein der ganze Mensch ... Waden hat der wohl überhaupt keine und Muskeln mal sicherlich nicht ... Aber trotzdem, das ganze Auftreten so bewusst, so bestimmt, so angenehm unverschämt. Drollig! Aber doch, eigentlich lustig kann man sich nicht über ihn machen. Er kann gewiss recht wild werden ... Und so verliebt ... ! Ich möchte eigentlich wissen, ob er ... Na, ich denke ... Ein bisschen Angst hätt' ich schon ... So ein Chinese! Chi-ne-se! ... Vier Frauen hat er ... komisch. Na, ja, China! ... Wie er einen ansieht, so durch die Kleider durch ... eigentlich ist es doch ein bisschen ... Aber es hat was: Weil er eben ein Chinese ist! ... Einmal ist er mir mit seinen langen Fingern ein Stück in den Ärmel raufgefahren – warme Knochen! Ich fühl's noch ... Merkwürdig, durch und durch ging's ... Ich kann mir denken, dass er einen ganz verrückt machen kann ... Ob er sich eigentlich den Zopf im Bette aufmacht? Gott muss das aussehen! Der lange, dürre Mensch, und hinten so eine schwarze Haarlatte ‚runter bis in die Kniee ... Strümpfe haben sie überhaupt keine und Hemden auch nicht ... komisches Volk doch ... Aber ein feiner Kerl ist er! Wenigstens mal was anderes als unsere ...

Da fiel ihr der Brief ein, der da an der Türe lag.

Der gute Emil. Na ja ... er ist ja recht nett und lieb. Aber auf die Dauer ... Und nun will er gar so sein! Was denkt er sich denn eigentlich? Das wollen wir denn doch lieber nicht einführen! – Also, was schreibt er?

Sie holte den Brief, zündete sich eine Zigarette an und las. Kopf schüttelnd. Als sie fertig war, sah sie nach der Türe zu Emils Zimmer und schüttelte den Kopf wieder. So, wie wenn jemand gar nicht begreifen kann, was der andere will. Aufgeregt war sie gar nicht. Nach einer Minute auch schon nicht mehr erstaunt.

Sie ging an ihr kleines Schreibtischen, wo eine Herde Pinscher und Katzen aus Chenille stand, nahm ein steifes ockergelbes Kärtchen mit Goldschnitt und schrieb darauf: „Du bist wohl nicht ganz munter!!??"

Das ockergelbe Kärtchen ging nicht ganz leicht durch den Türspalt. Sie musste es mit Gewalt hineinschieben, aber kaum, dass es ein Stückchen hineingedrungen war, fühlte sie auch schon, dass es drüben ergriffen und herangezogen wurde.

Da musste sie wieder lächeln.

Emil dagegen ... Was ist die Wirkung des blauen Briefes auf einen alten Hauptmann gegenüber der Wirkung dieser gelben Karte auf den jungen Referendar! Er empfand nicht bloß die schnöden Worte als Harpunen in seinem Herzen, sondern angefüllt mit dem Lehrstoffe der chinesischen Klasse, wie er war, sah er auch in der Wahl der Kartenfrage schlangenhafte Perfidie: Gelb, die Farbe des chinesischen Drachens!! Oh, dieses niederträchtige Weib!

Von der Höhe seiner männlichen Zuversicht fiel er in einen sumpfigen Abgrund der Verzweiflung. Kein Zweifel, es war endgültig alles aus! Verstoßen war er, um eines schlitzäugigen, zopfigen, knochigen, blöden, frechen Chinesen willen verstoßen. Wollte sie ihn verrückt machen?! Wollte sie ihn ... ah, oh, ... was sollte er denn tun? Die Tür einschlagen? Hinüberstürzen!?

Diese heroische Anwandlung war aber nur wie das letzte Aufblaken der Flamme eines Stearinlichtes. Gleich war's vorbei, und ihm blieb bloß die große Niedergeschlagenheit, dieses Gefühl: Da lieg' und bleib' ich liegen, und wenn ein Lastwagen kommt, ich steh' nicht auf. Und: Ach, wenn doch ein Lastwagen käme ... !

Emil hat noch ein paar Versuche gemacht, die Direktrice wiederzugewinnen. Briefe in einem weniger männlich-logischen Stile, Briefe mit Anflügen von weihevollem Schwung, Briefe ohne Einhaltung der Höflichkeitsränder, kurzum: Briefe, die eine Hyäne besänftigt hätten – aber Fräulein Direktrice fand sie bloß „kalbsledern". Sie hatte wirklich keine Zeit mehr für diesen Referendar mit den wasserblauen Augen und den ewig gleich sänftlichen Zärtlichkeiten. Das war ja einmal sehr nett gewesen, und es hatte ihr recht wohl gefallen, so ein großes Baby zu haben, aber kann man neben einer Feuerlilie noch ein Vergissmeinnicht ansehen?

Herr Pan war die gepantherte Feuerlilie, die Fräulein To-lu-to-lo nun mit so viel Sorglichkeit und Liebe in ihr Beet pflanzte. Ganz offenkundig betrieb sie ihre exotische Liebhaberei.

Dieser schamlose Lektor entblödete sich nicht, sonntags schon früh um acht bei ihr zu erscheinen. Dann fuhren sie um zwölf Uhr zusammen aus, in offener Droschke natürlich, ein Skandal und Schauspiel für die Nachbarschaft. Wie ein Pfauhahn sah der Kerl jetzt immer aus, wie ein chinesisches Gigerl! Apfelgrünes Oberkleid mit eingewobenen Pfirsischblüten, himmelblauer Beinrock mit Goldbrokat. Dazu ein rotes Band in den Zopf geflochten und diese lächerliche goldbraune Tellermütze auf und am Gürtel den rotledernen, dick mit Gold bestickten Pinselköcher und in der Hand einen geradezu wahnwitzigen Sonnenschirm. Das Seminar sollte doch wirklich einschreiten gegen ein so operettenhaftes Betragen! Und sie! Was an Farben ihm etwa fehlte, trug sie an sich. Weil dieser elende Kantonese das Grelle, Bunte liebte, hielt sie es für nötig, in allen Farben zu schillern wie die Horndecke eines Rosenkäfers. Und die Hüte! Empörend! Schamverletzend! Die Natur scheute sich, Farben von dieser herausfordernden Frechheit hervorzubringen; wenigstens kam es dem Referendar so vor, als gäbe es dieses „Farbengewieher" auf der ganzen Welt nicht, außer auf diesen zur höheren Ehre des Herrn Pan komponierten Hüten der Direktrice. Und dabei konnte er sich nicht unklar darüber sein, dass er sie entzückend schön fand, diese „Person", dass er hinter der Droschke hätte herlaufen mögen, um sie nur länger zu sehen, dass er … ach Gott: es blieb ihm ja doch nichts anderes übrig, als stumm zu dulden.

Freilich, Wand an Wand weiter hier mit ihr in einem Hause zu wohnen, das überstieg seine Kräfte. Roch es nicht durch den Türspalt nach Kampf und Moschus? Musste er nicht zu den schmerzlichsten Schlüssen gezwungen werden, wenn er konstatierte, dass sie niemals mehr abends vor elf Uhr und sonntags Nacht überhaupt nicht nach Hause kam?

Frau Kummer, hier haben Sie die Miete für nächsten Monat; ich ziehe heute aus.

Ja ... aber ... Herr Doktor ... ? Ich ... ich muss. Es tut mir leid. Aber nee, so was! Alle zwei Zimmer leer, und Knall und Fall! Was, alle beide Zimmer? ... ? Ja freilich, das Fräulein zieht ja auch! Ich weiß nicht! Ich weiß nicht! In die Dorotheenstraße zieht sie, als ob's dort schöner wäre.

Dorotheenstraße ... !? Das war zuviel! Also in die nächste Nähe des Menschen, wenn nicht gar in dasselbe Haus! Wann zieht sie denn?

Die Woche noch, und hat doch das ganze Vierteljahr schon bezahlt. Ich weiß nicht! Ich weiß nicht! ... Ungeziefer gibt's keins, reine wird auch alles gemacht, kein Titelchen fehlt ...! Sie zuckte mit dem Kopfe mechanisch hin und her und riss die Augen auf. Auf einmal schien ihr eine Idee zu kommen. Sie unterbrach ihr zuckendes Kopfgeschüttel und sah den Herrn Referendar boshaft fragend an: Entschuldigen Sie, Herr Doktor – aber am Ende ziehen Sie auch in die Dorotheenstraße ...?

Nein! Überhaupt: ich ziehe gar nicht.

Na nu aber! Frau Kummer musste sich aufs Sofa niedersetzen. Jetzt weiß ich gar nichts mehr! Bin ich denn drehend? Aber sagen Sie mir doch nur ...

Emil sagte nichts. Er fühlte nur immer: Dorotheenstraße! Die Direktrice war ausgezogen, aber geholfen war dadurch nichts. Denn wenn er auch sie nicht mehr sah, so musste er doch ihren chinesischen Liebhaber täglich erdulden.

Die südchinesische Klasse war aus Mangel an Teilnehmern geschlossen worden, und Herr Pan wohnte nun den nordchinesischen Stunden bei, weil er wenigstens beim Schreiben mit unterweisen konnte. Da saß er nun wie ein triumphierender Truthahn dem bedrückten Emil täglich zwei Stunden lang gegenüber und machte sich ein Vergnügen daraus, seine unterweisende Aufmerksamkeit besonders ihm zu widmen. Regelmäßig zu Beginn jeder Stunde richtete er einen Gruß von To-lu-to-lo aus, und die Brombeeraugen funkelten dabei höhnisch. Aber auch sonst unterließ er es nicht, dem armen Referendar ab und zu ein paar Splitter ins Fleisch zu schieben.

Bitte lesen das!

Emil sah vier Zeichen auf hochrotem Papier.

Schwere Zeichen, seltene. Endlich hatte er das erste: To!

Sche, sche! (Richtig!)

Das zweite fand er nicht. Sein Nachbar war glücklicher: Lu!

Sche, sche!

Jetzt fühlte Emil den Splitter und verzichtete darauf, sich an der Enträtselung der übrigen Zeichen zu beteiligen. To-lu-to-lo! erklang es im Kreise. Der Chinese hüpfte vor Vergnügen und schrieb's an die Wandtafel: To-lu-to-lo!

Die Zeichen hießen auf deutsch: Fremd kommt zu fremd und wird vertraut. Das ist wohl wieder eine von diesen chinesischen Gnomen, deren innerer Sinn sich uns versagt, dachten die übrigen. Emil aber begriff, packte seine Hefte zusammen, empfahl sich bei Herrn Kuei-Lin und ging.

Nein, das konnte er nicht ertragen! Der Verlust des Mädchens allein war seiner Seele schon eine schmerzliche Wunde, aber sich täglich von diesem höhnischen Halunken mit seinen langen Fingern drin herumstochern zu lassen – nein! Ein Ende! Ein Ende! Wenn ich zu ihm ginge und es mir verbäte!? Unsinn!: „Das geht! das geht!" Und dazu dieses infame Gegrinse. Fortwährend sah er dieses Gesicht mit dem niederträchtigen dummschlauen Zuge vor sich. Unerträglich! Diese Visage! Dieser Geruch! Diese Sprache! Alles Chinesische war ihm plötzlich eine große Widerwärtigkeit. Oh, diese Rasse! Verlogen! Verkommen! Verseucht! Heimtückisch! Feige! Frech! Grausam! Hässlich! Schadenfroh! Und diese Sprache! Ein Gebell! Ein Geklapper mit Holzklötzen! Ein ungefüges kindisches Gepappel! Dann kam das Klima dran, der Fremdenhass, der Schmutz, der mangelnde Komfort, die weite Entfernung des Landes.

Ein dummer Streich, weiß Gott, ausgerechnet in das unliebenswürdigste Land der Erde gehen zu wollen! Die Konsulatskarriere, ja, ein guter Grundgedanke! Aber warum gerade unter diesen gelben, verlogenen, verkommenen usw. usw. Fratzen? Da war Japan! Persien! Indien! Die Türkei! Wie anders wirkt dies Zeichen auf mich ein! Zumal die Türkei. Er machte es sich klar, dass die Türkei wie für ihn geschaffen wäre. In jeder Hinsicht. Aber die Hauptsache, die er sich indessen nicht als solche eingestand, war wohl der Umstand, dass die türkischen Stunden nachmittags lagen, so dass er sicher sein konnte, um diese Zeit keinen Chinesen im Seminar zu sehen.

Ein Ende! Ein Ende! Und wenn das gleich soviel bedeutete, wie etwas Neues anfangen müssen. Nur nichts Chinesisches mehr! Wie Gift lag's in seinem Gehirn, dieses Tsching und Tschang und To und Lo! Hinaus mit ihm! Hinausgekehrt mit türkischem Besen! Hinter die Bücher! Hinter die Bücher! Nichts hören, nichts sehen, nichts denken als Türkisch!

Und so geschah's. Emil verschwand aus der chinesischen Klasse und tauchte in der türkischen wieder auf. Die chinesisch gebliebenen Referendare wunderten sich sehr darüber und fanden keine Erklärung, desgleichen die Studenten. Aber Herr Pan-Wei-Fu grinste und spielte mit einem ockergelben Zettel, auf dem zinnoberrot die Zeichen standen: To-lu-to-lo.

... Fremd kommt zu fremd und wird vertraut ...

Ostasien, Karte von 1901

Ein Kapitel deutscher Kolonialgeschichte
Peter Hahn

1860

Unter der Leitung von Friedrich Graf zu Eulenburg (1815-1881) startet die preußische Marine die erste Ostasienexpedition nach Siam, Japan und China. Von Danzig aus begeben sich Ende Oktober 1859 die Kriegsschiffe „Arcona" mit 28 Kanonen und 350 Mann Besatzung, „Thetis" mit 36 Kanonen und 400 Mann, „Frauenlob" mit einer Kanone und 46 Mann und später auch das Transportschiff „Elbe" mit 30 Mann auf die Reise.

Der jungen Marine „soll Gelegenheit zur Entfaltung ihrer Kräfte, zur Erweiterung ihres Gesichtskreises und ihrer Erfahrungen geboten werden". Offizielles Ziel ist der Abschluss eines Handelsvertrages mit China. Inoffiziell gibt es den Auftrag von Marinechef Prinz Adalbert von Preußen (1811-1873), „einen Punkt zu finden, an welchem sich mit Aussicht auf Erfolg eine preußische Ansiedlung gründen ließe".

Die Expedition soll allerdings auch „das Terrain in wissenschaftlicher und kommerzieller Beziehung erforschen". Mit dabei ist der Forschungsreisende und Geograph Ferdinand Freiherr von Richthofen (1833-1905): „Ich wagte damals, mich der kühnen Hoffnung hinzugeben, dass die Meeresbucht (Kiautschou), welche mir als der gegebene maritime Endpunkt eines einstmaligen ausgedehnten Eisenbahnnetzes, und dadurch als die einzige natürliche Eingangspforte des nordöstlichen China vom Meere her erschien, ein deutscher Hafen werden könnte."

1861

Da Eulenburg vor allem die Gleichstellung Preußens mit England und Frankreich erreichen soll, die mit den beiden Opiumkriegen eine Öffnung Chinas und die Umwandlung Hongkongs zur britischen Kronkolonie 1858 vertraglich erzwungen hatten, sucht er

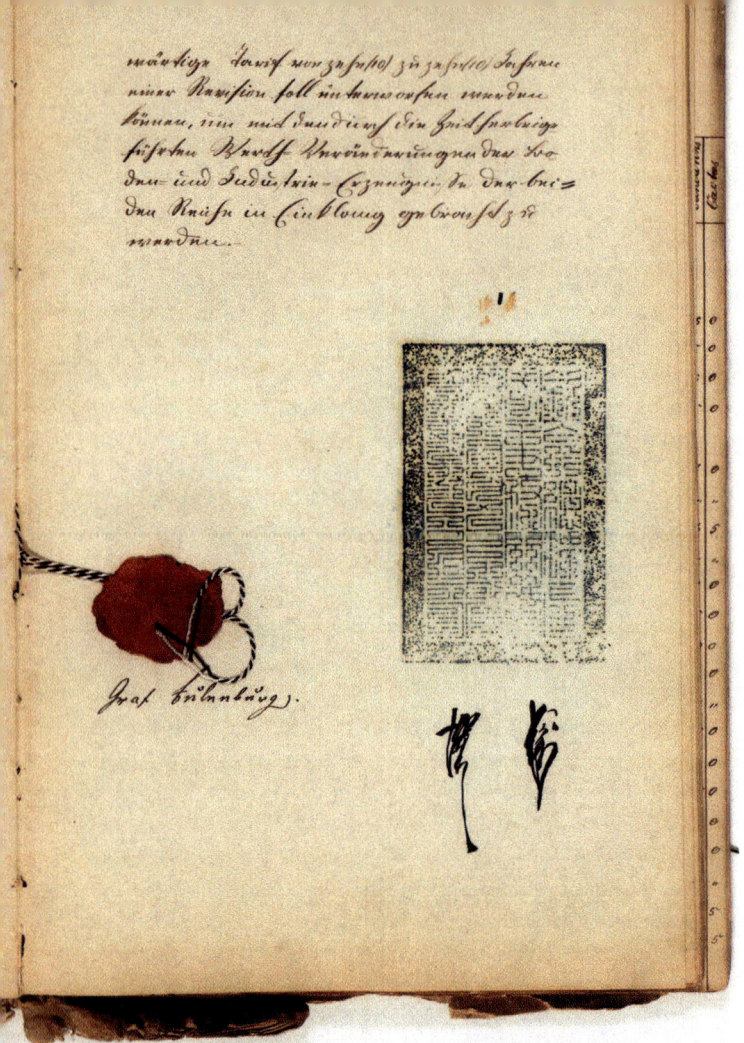

Siegel und Unterschriften des Freundschafts-, Handels- und Schifffahrtsvertrages von 1861. Quelle: Politisches Archiv Auswärtiges Amt

unmittelbar nach Ankunft der Reisegesellschaft am 7. März 1861 in Shanghai das Gespräch mit der Qing-Dynastie. Der Kaiserhof verzögert durch immer neue Einwände den Abschluss eines Vertrages. Eulenburg aber möchte „keinen Vertrag auf anderer Basis schließen, als derjenigen der meistbegünstigten Nationen" – gemeint sind vor allem England und Frankreich.

Schließlich einigt man sich auf einen Kompromiss: Vor Ablauf von fünf Jahren nach der Ratifizierung des Vertrages werden die deutschen Staaten keine Gesandtschaft in Peking eröffnen.

Am 12. August 1861 zeichnet Kaiser Xianfeng (1831-1861) den Vertragstext ab – seine letzte Amtshandlung vor seinem Tod am 22. August 1861. Kaiser von China unter dem Äranamen Tongzhi wird sein fünfjähriger Sohn (1856-1875). Kaiser Tongzhi wird nur achtzehn Jahre alt. Danach setzt Kaiserinwitwe Cixi (1835-1908) ihren dreijährigen Neffen unter dem Äranamen Guangxu (1871-1908) als Nachfolger durch.

Am 2. September 1861 wird in Tientsin bei Peking der „Freundschafts-, Handels- und Schifffahrtsvertrag zwischen den Staaten des Deutschen Zoll- und Handelsvereins, den Großherzogtümern Mecklenburg-Schwerin und Mecklenburg-Strelitz sowie den freien Hansestädten Lübeck, Bremen und Hamburg und dem Kaiserreiche China" vom „außerordentlichen Gesandten und bevollmächtigten Minister Friedrich Graf zu Eulenburg und Tsun Luen, assistirendes Mitglied des Ministeriums der auswärtigen Angelegenheiten in Peking sowie Tsun Hau, Ehren-Unter-Staats-Secretär" unterzeichnet.

1867

Am 15. November 1867 wird Emil Krebs im niederschlesischen Freiburg geboren.

1868

Das Norddeutsche Bundesgesetzblatt Nr. 125 teilt am 7. Juli 1868 mit, dass „Seine Majestät der König von Preußen Allergnädigst ge-

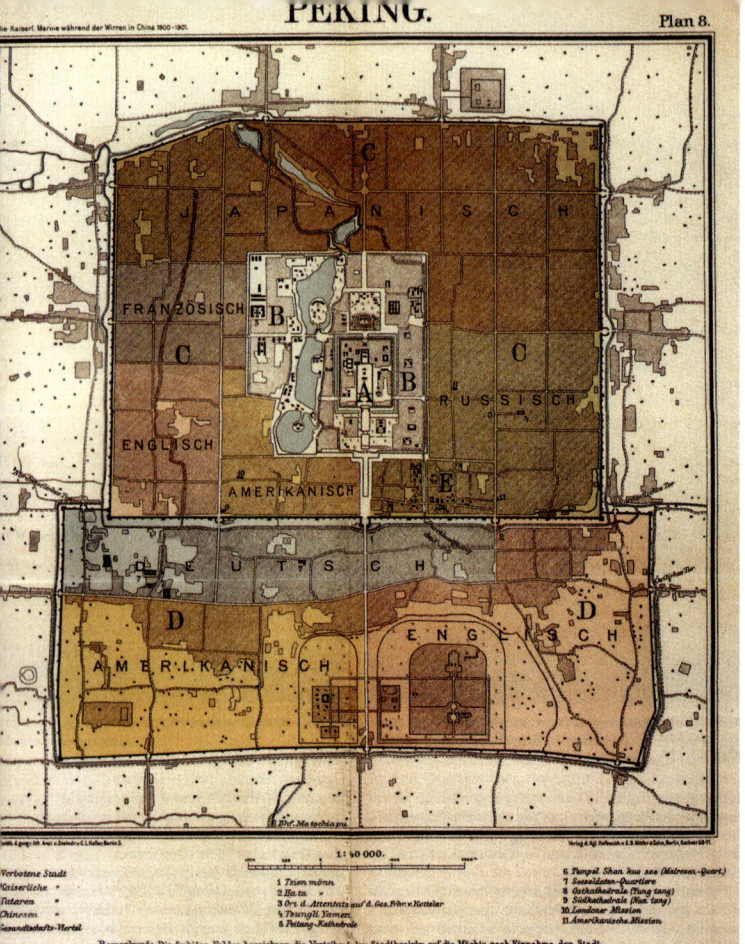

Gesandtschaftsviertel in Peking, 1900-1901
Quelle: Deutsches Historisches Museum Berlin

ruht haben, Allerhöchstihren außerordentlichen Gesandten und bevollmächtigten Minister bei Seiner Majestät dem Kaiser von China, Guido von Rehfues (1818-1894), zugleich zum außerordentlichen Gesandten und bevollmächtigten Minister des Norddeutschen Bundes zu beglaubigen. Derselbe hat die Ehre gehabt, sein Beglaubigungsschreiben in dieser Eigenschaft am 11. April zu überreichen".

Deutsche Gesandte in China
Guido von Rehfues (*1818-†1894)
von 1868 bis 1875
Maximilian August von Brandt (*1835-†1920)
von 1875 bis 1893
Gustav Freiherr Schenck zu Schweinsberg (*1843-†1909)
von 1893 bis 1896
Edmund Freiherr von Heyking (*1850-†1915)
von 1896 bis 1899
Clemens Freiherr von Ketteler (*1853-†1900)
von 1899 bis 1900
Alfons Freiherr Mumm von Schwarzenstein (*1859-†1924)
von 1900 bis 1905
Arthur Alexander Kaspar von Rex (*1856-†1926)
von 1906 bis 1911
Elmershaus von Haxthausen (*1856-†1926)
von 1911 bis 1914
Paul von Hintze (*1864-†1941)
von 1914 bis zum 14. März 1917
(Abbruch der diplomatischen Beziehungen)

1872

Ferdinand von Richthofen, für den 1861 „eine Möglichkeit zu erfolgversprechenden Reisen im Inneren von China noch nicht vorhanden war", fasste nach Aufenthalten auf Formosa, den Philippinen, Celebes, Java und Nordamerika nun „den Plan, vor meiner

Auf der Straße von Tung-tschou nach Peking
Zeichnung Ferdinand von Richthofen, um 1870

Rückreise nach Europa eine geologische Erforschung des inzwischen besser zugänglich gewordenen China auszuführen." Zwischen 1868 und 1872 bereist er dreizehn chinesische Provinzen. Seine wissenschaftlich-geographische Bestandsaufnahme bildet die Basis für die Erschließung des chinesischen Kaiserreichs.

Richthofen veröffentlicht „China. Ergebnisse eigener Reisen und darauf gegründeter Studien" (1877), den „Atlas von China" (1883) sowie 1898 die „von verschiedenen Seiten erbetene" allgemein verständliche Publikation „Schantung und seine Eingangspforte Kiautschou" (1898):

„Wir sehen in Kiautschou einen Hafen, welcher den Schlüssel zur wirtschaftlichen und kommerziellen Beherrschung dieses Landes bietet, eine Eingangspforte, von der aus Eisenbahnen zur Erschließung aller seiner Teile mit Leichtigkeit angelegt, sowie die wirtschaftliche Hebung des Landes und die kulturelle Förderung der Bewohner geleitet werden können, und nach welcher bei zielbewusstem Vorgehen der Verkehr des größten Teils des nördlichen China konvergieren muss ...

An den Deutschen ist es jetzt, diese schöne und große Aufgabe zu lösen. Was sie in dieser Richtung tun, wird zunächst China zu Gute kommen, indem die Hilfsquellen und die Steuerkraft des Landes vermehrt, die Zolleinkünfte erhöht, die Bewohner kulturell gehoben und in ihrem Erwerb gefördert werden. Aber es soll und wird ihnen selbst Gewinn bringen, wenn sie mit derselben Tatkraft und Umsicht, mit der ihr Kaiserlicher Herr die Besitzergreifung angeordnet und durchgesetzt hat, daran gehen, diesen Aufgaben materielle Mittel und geistige Kraft zuzuwenden ...

Bald wird voraussichtlich Schantung wissenschaftlich erschlossen sein, wie keine andere Provinz; denn, wie die Deutschen bereits in ihren Kolonien gezeigt haben, sind sie darauf bedacht, die Domänen, deren Verwaltung oder Beeinflussung sie übernommen haben, nach allen Richtungen hin zu untersuchen und ihre Hilfsquellen kennen zu lernen ..."

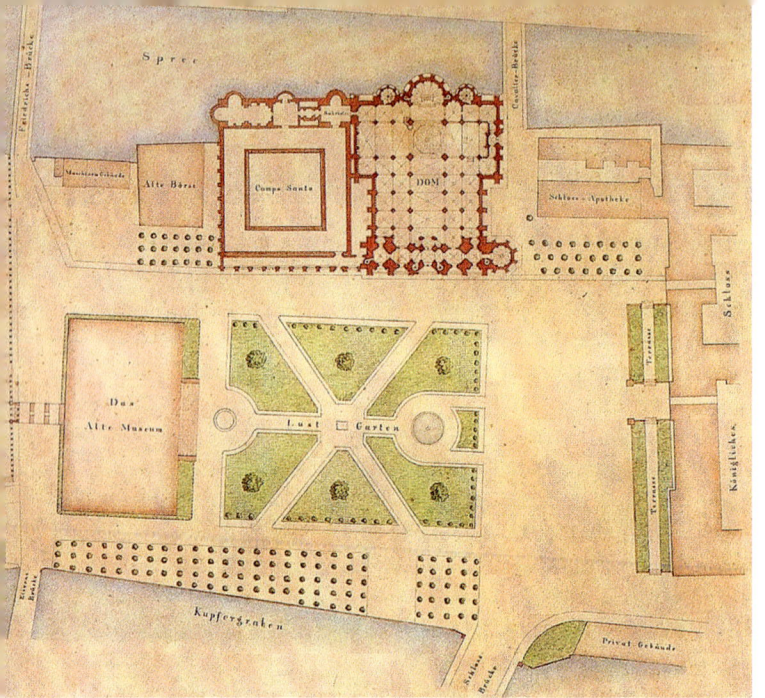

Lustgarten Berlin, 1867. Zwischen dem Maschinenhaus an der
Friedrichsbrücke, eingerichtet von Peter Joseph Lenné für die
Bewässerung des Lustgartens, und dem von Karl Friedrich Schinkel
1820/22 geschaffenen klassizistischen Dom wurde 1805 ein neues
Börsengebäude eingeweiht, in dem ab 1887 das Seminar für Orien-
talische Sprachen untergebracht wurde.

1887

Am 12. Dezember 1884 richtet Wilhelm Grube, Privatdozent für Chinesisch an der Friedrich-Wilhelms-Universität zu Berlin, einen Antrag an das Unterrichtsministerium, „zum Zwecke praktischer Übungen einen chinesischen Sprachkurs unter der Leitung eines Chinesen hier in Berlin zu eröffnen". Deutlich geworden ist, dass sich „bei der fortschreitenden Entwicklung unserer Beziehungen zu Asien und Afrika ein vermehrtes Bedürfnis nach Erweiterung der Kenntnis der Sprachen des Orients und Ostasiens, und zwar sowohl im Interesse des Dolmetscherdienstes als auch für andere Berufszweige, dringend fühlbar" macht.

Die Einrichtung soll „in den Dienst der Interessen der gesamten deutschen Nation" gestellt werden. „Für jede Sprache wird ein mit den Landesverhältnissen und der Landessprache vertrauter deutscher Lehrer bestellt und demselben ein aus den Eingeborenen des Landes entnommener Assistent beigegeben."

Einigkeit besteht auch darin, dass das Seminar der Universität angegliedert wird, da die „Anwärter des Kaiserlichen Dolmetscherdienstes bei den Gesandtschaften und Konsulaten zu gleicher Zeit, während sie im Seminar eine fremde Sprache erlernen, in der juristischen Fakultät ihren Rechtsstudien" nachgehen.

Am 23. Mai 1887 ist es so weit: „Wir Wilhelm, von Gottes Gnaden Deutscher Kaiser, König von Preußen etc. verordnen im Namen des Reichs, nach erfolgter Zustimmung des Bundesraths und des Reichstags, was folgt:

§. 1. Der Reichskanzler wird ermächtigt, mit der Königlich preußischen Regierung eine Vereinbarung wegen Errichtung eines Seminars für orientalische Sprachen bei der Königlichen Friedrich-Wilhelms-Universität zu Berlin abzuschließen und in dieser Vereinbarung zu den Kosten des Seminars einen Beitrag in Höhe der Hälfte derselben Namens des Reichs mit der Maßgabe zuzusichern, dass der Beitrag zu den Kosten der ersten Einrichtung zwanzigtausend Mark, der Beitrag zu den jährlichen Kosten sechsunddreißigtausend Mark nicht überschreiten darf.

Denkschrift
über das Seminar
für Orientalische Sprachen
an der Königlichen
Friedrich-Wilhelms-Universität
zu Berlin
von 1887 bis 1912.

Von dem Direktor
Prof. Dr. Ed. Sachau,
Geh. Oberregierungsrat.

Berlin 1912 * Gedruckt in der Reichsdruckerei.

§. 2. Die vom Reich auf Grund dieses Gesetzes alljährlich zu verwendenden Beträge sind in den Reichshaushalts-Etat aufzunehmen."

Mit der Gründung des „Seminars für Orientalische Sprachen" wird ein Institut geschaffen, an dem Aspiranten für den Auswärtigen Dienst und den Kolonialdienst des Deutschen Reiches, Angehörige der Philosophischen Fakultät, Kaufleute sowie Beamte, Offiziere, Theologen, Mediziner und Techniker in Sprachen ausgebildet werden sollten, die an der Universität bisher nicht gelehrt wurden: Chinesisch, Japanisch, Hindustani, Arabisch, Persisch, Türkisch, Suaheli.

Das Seminar wird am 27. Oktober 1887 im Gebäude der ehemaligen Börse am Lustgarten Nr. 6 eröffnet. Zum Wintersemester 1892/93 wird ihm das Jünkensche Haus am Zeughaus Nr. 1 und ab September 1904 das Domizil Dorotheenstraße Nr. 7 zugewiesen. Die Direktion ist Professor Dr. Karl Eduard Sachau zunächst kommissarisch übertragen worden.

„In Verbindung mit dem sprachlichen Unterricht werden auch die Realien der betreffenden Sprachgebiete, insbesondere Religion, Sitten und Gebräuche, Geographie, Statistik und neuere Geschichte, behandelt." Mit der Bestimmung vom 22. Juni 1889 wird die „Ordnung der Diplom-Prüfung" erlassen. „Das Bestehen dieser Prüfung ist erforderlich für denjenigen Seminaristen, der sich um eine Anstellung im Kaiserlichen Dolmetscherdienst bewerben will."

Emil Krebs, der sich zum Sommer-Semester 1887 an der „Schlesischen Friedrich-Wilhelms-Universität zu Breslau" für Theologie eingeschrieben hatte, war nicht entgangen, dass sich in Deutschland eine Bewegung vollzog, die auf den Erwerb von Kolonien drängte.

Im Wissen um seine Sprachbegabung und um die Voraussetzungen für einen Dienst in den Kolonien zu erlangen, belegt er ab dem Winter-Semester 1887/88 an der Berliner Universität Jura sowie am „Seminar für Orientalische Sprachen" Chinesisch.

1897 Besetzung der Bucht von Kiautschou
1898 Ankunft der von Prinz Heinrich kommandierten Flotte
Gemälde von Eglau, Quelle: Wehrgeschichtliches Museum Rastatt

1893

Emil Krebs, der am 24. Juli 1890 am „Seminar für Orientalische Sprachen" die Diplom-Prüfung in Chinesisch und am 12. Juni 1891 die erste juristische Staatsprüfung ablegt, wird vom Auswärtigen Amt als Dolmetscher-Eleve an die deutsche Gesandtschaft nach Peking entsandt.

1896

Großadmiral Alfred von Tirpitz (1849-1930) inspiziert von Juni 1896 bis April 1897 als Chef der ostasiatischen Kreuzerdivision die Bucht von Kiautschou. Er stützt sich prinzipiell auf die Argumente Richthofens, fordert allerdings die Entsendung von Oberbaurat Georg Franzius, dem Hafenbaudirektor des Kieler Kriegshafens. Dessen Urteil: Die Bucht von Kiautschou bietet ideale Voraussetzungen für einen deutschen Hafen in China.

1897

Am 1. November 1897 werden in der Provinz Schantung die deutschen Missionare Richard Henle (1865-1897) und Franz Xaver Nies (1859-1897) ermordet.

Reichskanzler Chlodwig Fürst zu Hohenlohe-Schillingsfürst (1819-1901) telegraphiert am 7. November 1897 dem deutschen Gesandten in Peking Edmund Freiherr von Heyking: „Hier wird beabsichtigt, Vorfall womöglich zur Besetzung von Kiautschou oder anderem Platz auszunutzen".

Das vor der chinesischen Küste stationierte Ostasiatische Geschwader mit den Kreuzern „Kaiser", „Prinzess" und „Cormoran" macht sich am 10. November 1897 auf die Fahrt nach Kiautschou. An Bord ist der Dolmetscher und Übersetzer Emil Krebs, der zuvor vom Auswärtigen Amt freigestellt und dem Reichsmarineamt zugeordnet wird.

Eine Marine besetzt am 14. November 1897 Stadt und Hafen von Tsingtau. Konteradmiral Otto von Diederichs (1843-1918) macht dem Befehlshaber der dort stationierten chinesischen Ein-

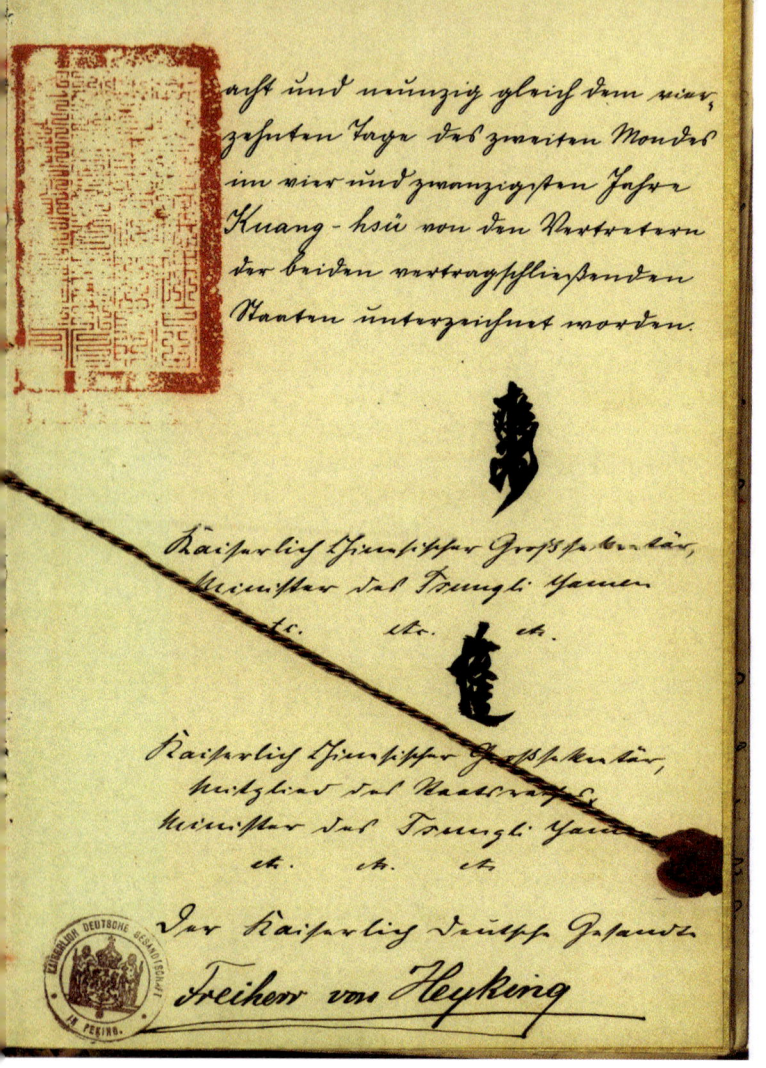

Siegel und Unterschriften des Vertrages über das deutsche Pachtgebiet Kiautschou, 1898. Quelle: Politisches Archiv Auswärtiges Amt

heit bekannt, „dass ich auf Allerhöchsten Befehl seiner Majestät des deutschen Kaisers die Kiautschou-Bucht und die vorliegenden Inseln besetzt habe". Von diesem Zeitpunkt an wird Kiautschou vom Reichsmarineamt verwaltet. An der Spitze der zivilen wie militärischen Verwaltung steht ein Marineoffizier als Gouverneur.

Gouverneure des Deutschen Schutzgebietes Kiautschou:
Admiral Oskar von Truppel (*1854- †1931)
von 1897 bis 1898 und von 1901 bis 1911
Konteradmiral Carl Rosendahl (*1852–†1917)
von 1898 bis 1899
Kapitän zur See Paul Jaeschke (*1851-†1901)
von 1899 bis 1901
Vizeadmiral Alfred Meyer-Waldeck (*1864-†1928)
von 1911 bis zum 7. November 1914
(Besetzung von Kiautschou durch Japan)

1898

Am 6. März 1898 kommt es zum Abschluss eines Pachtvertrages „betreffend gastweise Überlassung des Gebiets an der Kiautschou-Bucht" für 99 Jahre. Die Qing-Dynastie sprach dem Deutschen Reich die volle Oberhoheit über das „Pachtgebiet" zu.

Gouverneur Oskar von Truppel gibt bekannt: „Der Kaiser des Deutschen Reiches und der Kaiser Chinas haben einen Friedensvertrag miteinander geschlossen und damit die freundschaftlichen Beziehungen wieder hergestellt. Im Zuge dessen hat sich der Kaiser bereit erklärt, ein Stück Land des chinesischen Territoriums an Deutschland zu verpachten, wobei die genauen Grenzen noch festzulegen sind. An den verschiedenen Stütz- und Kontrollpunkten soll der Alltag wieder einkehren und der Frieden nicht mehr gestört werden. Daher sei noch einmal gesagt, dass alle Anweisungen einzuhalten und die öffentliche Ordnung zu wahren sind."

Die Bucht von Kiautschou, Plan der Marine von 1898

Nachdem Kiautschou mit einer Fläche von rund 550 Quadratkilometern am 27. April 1898 zum deutschen Schutzgebiet erklärt wird und zur „Musterkolonie" des Deutschen Reiches ausgebaut werden soll, „organisiert" das Reichsmarineamt die Propaganda.

Die „Frankfurter Zeitung" schickt ihren Korrespondenten Paul Goldmann (1865-1935), um die Zeitung mit Berichten sowie den Reisebildern „Ein Sommer in China" zu versorgen. Der Reporter des „Berliner Tageblattes" Eugen Wolf (1850-1912) berichtet in „Meine Wanderungen. Im Innern Chinas" über das „hier leider sehr unterrepräsentierte" Deutschland. Der Marineschriftsteller Johannes Wilda lässt sich im „Berliner Lokal-Anzeiger" über die Plaudereien mit Prinz Albert Wilhelm Heinrich von Preußen (1862-1929) aus, der seit Ende 1897 die ostasiatischen Schiffsverbände kommandiert. Der Reisejournalist Ernst von Hesse-Wartegg (1854-1918) schreibt über „Schantung und Deutsch-China".

Emil Krebs, inzwischen Vorstand der chinesischen Kanzlei und Bezirksamtmann, bearbeitet die Korrespondenz mit den Provinzial- und Lokalbeamten, die Proklamationen und Bekanntmachungen der chinesischen Beamten der Umgegend, die Berichte der chinesischen Presse und die Bittschriften der Bevölkerung.

Da das Reichsmarineamt für die Verwaltung Fachleute benötigt, die neben chinesischen Sprachkenntnissen auch über genügend landeskundliches Wissen verfügen, wird die Unterstützung des Auswärtigen Amts gesucht. Im Dezember 1897 wird Wilhelm Schrameier (1859-1926), seit 1885 Dolmetscher in China, zum Dienst in Tsingtau verpflichtet.

Im März 1900 wird die Zivilverwaltung von Kiautschou in zwei Kommissariate aufgeteilt, ein Zivilkommissariat für die Europäer und das Kommissariat für Chinesenangelegenheiten, dessen Leitung bis 1909 Wilhelm Schrameier übernimmt. Er gilt als Verfasser der Tsingtauer Land- und Steuerordnung.

In der dem Reichstag am 2. Januar 1899 vom Reichsmarineamt vorgelegten Denkschrift über die Entwicklung des Schutzgebietes zwischen November 1897 und Oktober 1898 heißt es unter ande-

Gouverneurspalast Tsingtau, 1913. Foto: Bundesarchiv

rem: Dolmetschereleven „werden sowohl in Civil- als in Strafsachen der Chinesen Recht sprechen etwa in dem Rahmen, welcher der Zuständigkeit der deutschen Amts- und Schöffengerichte entspricht. Zur Zeit ist das Publikum auf den Rath der Beamten des Gerichts angewiesen, der in allen streitigen Angelegenheiten naturgemäß nur mit äußerster Zurückhaltung ertheilt werden kann. Von wissenschaftlichen Arbeiten im Bereiche des Justizwesen ist begonnen worden mit einer Übersetzung des Gesetzbuchs der Tsching-Dynastie und der nachträglich ergangenen Erlasse der Kaiser. Ein Amtsblatt, welches alle wichtigeren Verordnungen und Bekanntmachungen in deutscher und in chinesischer Sprache veröffentlicht und damit einen weiteren Schritt zur Annäherung der chinesischen Bevölkerung an die deutsche Verwaltung unternimmt."

1899

Der Baubeginn der 434 Kilometer langen Bahnstrecke von Tsingtau nach Tsinanfu ruft den Widerstand der chinesischen Bevölkerung hervor. Die deutsch-chinesische „Schantung-Eisenbahn-Gesellschaft" hatte die Besitzverhältnisse unzureichend geklärt und obendrein unterdurchschnittliche Preise für Grund und Boden gezahlt. Obwohl Gouverneur Paul Jaeschke Militär einsetzt, kommt es weiterhin zu Zerstörungen der Eisenbahn- und Telegraphenverbindungen. Ingenieure der Bahngesellschaft bringen sich in Tsingtau in Sicherheit.

1900

Naturkatastrophen, Hungersnot, Konflikte zwischen Reformern und Konservativen am Kaiserhof, Aktivitäten der christlichen Missionen sowie die von fremden Mächten erzwungenen ungerechten Verträge mit dem Kaiserreich führen im Frühjahr 1900 zum sogenannten Boxeraufstand, einer „Bewegung der Verbände für Gerechtigkeit und Harmonie" – Yìhétuán Yùndòng genannt.

Die Bedrohung Chinas. Chinesischer Druck, um 1900
Quelle: National Archives Washington, D.C.

Der Gesandte Clemens Freiherr von Ketteler bittet am 28. Mai 1900 den Gouverneur von Kiautschou zum Schutz der Gesandtschaft um militärischen Beistand. Am 29. Mai 1900 treten an Bord der „Kaiserin Augusta" 45 Seesoldaten die Reise über Taku nach Peking an. Am 8. Juni 1900 folgt das III. Seebataillon mit 25 Mann.

Am 12. Juni 1900 sendet Ketteler eine Depesche an das Auswärtige Amt: „Die Matrosen müssen auf dem Wege von Tientsin hierher Verhinderung oder Waffenwiderstand gefunden haben, da sie sonst schon eingetroffen wären." Kurze Zeit später belagern die Boxer das Gesandtschaftsviertel in Peking.

Unter diesem Eindruck fordert die kaiserliche Regierung am 19. Juni 1900 die Gesandtschaften in Peking ultimativ auf, China innerhalb von 24 Stunden zu verlassen.

Am 20. Juni 1900 wird der deutsche Gesandte Clemens Freiherr von Ketteler in Peking ermordet. Sein Begleiter, der Dolmetscher Heinrich Cordes, wird angeschossen. Nach der Ermordung Kettelers übernimmt die deutsche Regierung die Initiative zur Vorbereitung einer Intervention.

Mit der sogenannten Hunnenrede verabschiedet Kaiser Wilhelm II. am 27. Juli 1900 das Expeditionskorps zur Niederschlagung des Boxeraufstandes: „Eine große Aufgabe harrt eurer: ihr sollt das schwere Unrecht, das geschehen ist, sühnen. Die Chinesen haben das Völkerrecht umgeworfen, sie haben in einer in der Weltgeschichte nicht erhörten Weise der Heiligkeit des Gesandten, den Pflichten des Gastrechts Hohn gesprochen. Es ist das um so empörender, als dies Verbrechen begangen worden ist von einer Nation, die auf ihre alte Kultur stolz ist ... „Kommt ihr vor den Feind, so wird derselbe geschlagen! Pardon wird nicht gegeben! Gefangene werden nicht gemacht!

Wer euch in die Hände fällt, sei euch verfallen! Wie vor tausend Jahren die Hunnen unter ihrem König Etzel sich einen Namen gemacht, der sie noch jetzt in Überlieferung und Märchen gewaltig erscheinen lässt, so möge der Name Deutscher in China auf 1000 Jahre durch euch in einer Weise bestätigt werden, dass es niemals

Boxeraufstand 1900, Kämpfe zwischen Briten und Chinesen

wieder ein Chinese wagt, einen Deutschen scheel anzusehen! Kommt ihr vor den Feind, so wird er geschlagen."

Am 14. August 1900 werden die Boxer jedoch von einer alliierten Truppe aus Peking vertrieben. Erst am 25. September 1900 trifft der von den Verbündeten zum Oberbefehlshaber des multinationalen Truppenkontingents ernannte Alfred Heinrich Karl Ludwig Graf von Waldersee (1832-1904) ein. Da bei seinem Eintreffen in Peking bereits Ruhe eingekehrt ist, übernimmt er im Geist der „Hunnenrede" die Rolle des brutalen Besatzungsoffiziers.

Nachfolger von Ketteler als Gesandter in Peking wird Alfons Freiherr Mumm von Schwarzenstein. Zwischen dem Gesandten und dem „Weltmarschall" Waldersee gibt es hinsichtlich der Lagebeurteilung und des Vorgehens selten Übereinstimmung.

Nach Auffassung Mumms sind die Versuche, „den kranken Mann des fernen Ostens durch äußere Mittel zu kurieren und zu einem brauchbaren Mitglied der großen Völkerfamilie umzuformen", fehlgeschlagen. „Weder die Eröffnung zahlreicher Häfen für den Handelsverkehr noch die Überschwemmung des Landes mit Missionaren, noch die Einführung von Dampfschiffen, Eisenbahnen und Telegraphen hatten sich bisher als wirksam erwiesen. Ebenso wenig hatten die auf eine Reihe von unglücklichen Kriegen folgenden Amputationen von Gebietsteilen vermocht, den ungefügen Koloss aus dem Schlafe zu rütteln".

Einhundert Jahre später gelingt es Hans Dieter Schreeb in seinem 2001 erschienenen Roman „Hinter den Mauern von Peking" in einer Verbindung von Dokumentation und Fiktion nicht nur eine historische Epoche, sondern zugleich die Geschichte eines außergewöhnlichen Diplomaten zu vergegenwärtigen: „Der Kaiserliche Gesandte von Mumm hatte außer seiner Neigung zu jungen Männern nur eine Leidenschaft, nämlich die zur Photographie. Ihm ging es bei seinen Photos ausschließlich um das Dokument; er photographierte, wie andere Tagebuch schreiben." Geblieben ist sein „Tagebuch in Bildern" mit herausragenden Aufnahmen von China aus den Jahren zwischen 1900 und 1905.

Prinz Chun II. während der Sühnemission vor Kaiser Wilhelm II. am
4. September 1901 im Neuen Palais zu Potsdam
Zeichnung von William Pape (1859-1920)

1901

Nachdem die Kaiserinwitwe Cixi nach langen Verhandlungen die Bedingungen der Kolonialmächte akzeptiert, wird am 7. September 1901 in Peking das „Boxerprotokoll" unterzeichnet. Es stellt unter anderem fest, dass sich die chinesische Regierung für die Morde an Diplomaten entschuldigt und ein Denkmal für Clemens von Ketteler errichten muss.

Deutschland verlangt eine besondere Demütigung: Der achtzehnjährige Prinz Chun II. (1883-1951) muss sich als Vertreter des Kaiserhauses unter entwürdigenden Bedingungen am 4. September 1901 im Neuen Palais zu Potsdam bei Kaiser Wilhelm II. entschuldigen.

Emil Krebs, der am 25. Oktober 1900 als „2. Dolmetscher" in die Gesandtschaft Peking zurückgekehrte, wird am 1. August 1901 zum 1. Dolmetscher mit dem Titel „Secrétaire interprète" befördert.

1907

Bis zum Ende des 19. Jahrhunderts ist das Auswärtige Amt für die Kolonialpolitik zuständig. Durch „Allerhöchsten Erlass betreffend die Errichtung des Reichs-Kolonialamts" entsteht am 17. Mai 1907 eine eigenständige Behörde.

1911

Während seines Heimaturlaubs vom 17. Oktober 1911 bis 11. Mai 1912 trifft der inzwischen am 15. Februar 1912 zum Legationsrat ernannte Emil Krebs in der Wohnung von Wilhelm Schrameier in Berlin-Halensee auf Amande Heyne geborene Glasewald.

1912

Am 1. Januar 1912 wird die Republik China ausgerufen.

1913

Im Generalkonsulat Shanghai wird am 5. Februar 1913 die Hochzeit von Emil Krebs und Amande Heyne vollzogen.

Die Sternwarte auf der Tartarenmauer in Peking von 1442.
Foto: Alfons von Mumm, 1905

1914

Am 7. November 1914 besetzt Japan Kiautschou. Die deutsche Besatzung kommt in japanische Kriegsgefangenschaft.

1917

Am 14. März 1917 verkündet China den Abbruch der diplomatischen Beziehungen, am 14. August 1917 erfolgt die Kriegserklärung an Deutschland. Die deutschen Diplomaten verlassen China.

Emil Krebs, seine Frau Amande sowie ihre beiden Töchter aus erster Ehe reisen am 25. März 1917 aus Peking ab. Da mit dem Gesetz vom 30. Mai 1917 „die diplomatischen und konsularischen Vertretungen des Reichs in China wegfallen, damit auch das von Ihnen verwaltete Amt des 1. Dolmetschers bei der Ksl. Gesandtschaft in Peking zu bestehen aufgehört hat, werden Sie daher zum 8. September 1917 einstweilig in den Ruhestand versetzt".

1918

Die Novemberrevolution führt zum Ende des deutschen Kaiserreichs und zur Gründung einer parlamentarisch-demokratischen Republik. In den Jahren der Weimarer Republik erlebt das Auswärtige Amt elf Reichsminister des Auswärtigen, darunter Walther Rathenau und Gustav Stresemann.

Obwohl der Leiter des Sprachendienstes Gautier wissen lässt, dass „Krebs uns 30 Außendienstmitarbeiter ersetzt", gelingt es dem Auswärtigen Amt nicht, für Emil Krebs, der nach eigenem Bekunden bereits im Jahre 1923 fähig ist, Übersetzungen in das Deutsche aus 39 Sprachen anzufertigen, eine seinen Fähigkeiten entsprechende und vor allem eine ihm würdige Beschäftigung zu finden.

1930

Am 31. März 1930 stirbt Emil Krebs. Vor der Beisetzung am 4. April entnimmt das Oskar-Vogt-Institut das Gehirn für Forschungszwecke. Das Grab befindet sich auf dem Südwestkirchhof Stahnsdorf.

Die Welser in Venezuela, Übernahme der Statthalterschaft
Quelle: Deutsches Koloniallexikon, 1920

Ins kuenfftige neu Teutschland
Jürgen Stich

Deutsche waren seit dem 16. Jahrhundert daran beteiligt, die neu entdeckten Gegenden in „Übersee" für den Handel und den politischen Einfluss Europas aufzuschließen. Von einem planmäßigen Kolonialismus konnte allerdings zu dieser Zeit – bei keiner der beteiligten Nationen – die Rede sein. Führend waren diejenigen europäischen Länder, die über eine große Handelsflotte verfügten, wie Portugal, Spanien, England und Holland. Als Söldner, Handwerker und Forscher nahmen Deutsche an Übersee-Fahrten teil, sei es nach Indien, Afrika oder Amerika, die deutschen Staaten jedoch hatten lange kein Interesse daran, sich dort stärker zu engagieren.

Dieser generelle Eindruck der kolonialen Vorgeschichte Deutschlands hält sich bis ins 19. Jahrhundert, auch wenn es bis dahin zu einigen wenigen Versuchen kam, im „Welthandel" ein Wörtchen mitzusprechen. So war es sicherlich kein Zufall, dass sich das Augsburger Handelshaus der Welser zu Beginn des 16. Jahrhunderts bei Kaiser Karl V., der gleichzeitig spanischer König war, um einen Handelsstützpunkt in Übersee bemühte. Von 1528 bis 1556 währte die Statthalterschaft der Augsburger über Venezuela und Teile Kolumbiens. Damit waren die Welser für einige Jahrzehnte am Gold-, Salz- und Sklavenhandel beteiligt.

Ernsthafter betrieben im 17. Jahrhundert einige deutsche Fürsten den kolonialen Landerwerb. Den Anfang machte Jakob von Kurland. Der Herzog verhandelte mit Portugiesen, Spaniern, Engländern und Holländern über eine Südseekolonie. 1654 besetzte eine kurländische Expedition die Insel Tobago, die südlichste der Kleinen Antillen, auch an der westafrikanischen Küste setzten sich Kurländer fest. Das Abenteuer währte gerade vier Jahre. Das wirtschaftlich schwache Kurland konnte den kolonialen Besitz nicht halten, 1658 übernahmen Holländer dort das Regiment.

Allegorie auf die Erwerbung von Surinam durch den Grafen Friedrich Kasimir von Hanau. Gemälde von Johann David Welcker, 1676
Quelle: Staatliche Kunsthalle Karlsruhe

Mit großen Hoffnungen war auch das Projekt des Reichsgrafen Kasimir von Hanau verbunden. 1669 konnte Hofrat Johann Joachim Becher für den Grafen einen Kaufvertrag mit der Holländisch-Westindischen Kompanie über einen Küstenstreifen an der Nordostküste Südamerikas abschließen. Die 3000 Quadratmeilen große Fläche im heutigen Französisch-Guayana sollte besiedelt werden.

In einer Werbeschrift ermutigte Becher die Deutschen: „Wohlan dann dapffere Teutschen, machet, dass man in der Mapp neben neu Spanien, neu Franckreich, neu Engelland, auch ins kuenfftige neu Teutschland finde. Es fehlet euch so wenig an Verstand und Resolution solche Sachen zu thun, als andern Nationen."

Doch auch das Hanau'sche Projekt in Südamerika scheiterte. Die deutschen Duodezfürsten konnten mit den seefahrenden Großmächten im kolonialen Wettlauf, der nun verstärkt einsetzte, nicht mithalten. In bleibender Erinnerung aus dieser Zeit bleibt einzig das Unternehmen des Großen Kurfürsten Friedrich Wilhelm von Brandenburg. Mit der Gründung von Groß-Friedrichsburg an der westafrikanischen Goldküste im heutigen Ghana am 1. Januar 1683 und den Erwerbungen eines Teils der Antillen-Insel St. Thomas sowie der Inselgruppe Arguin vor der mauretanischen Küste 1685 und 1687 konnte Brandenburg am „Dreieckshandel" zwischen Europa, Afrika und Amerika teilnehmen. Berüchtigt war insbesondere der Sklavenhandel. Unter brandenburgischer Ägide wurden in drei Jahrzehnten rund 30 000 Afrikaner nach Amerika verkauft.

Soldatenkönig Friedrich Wilhelm I. beendete mit dem Verkauf der westafrikanischen Gebiete an die Holländer 1717 das Kolonialprojekt seines Großvaters. Auch St. Thomas und Arguin gingen verloren. Mit der „Chimäre des afrikanischen Kommerzienwesens" wollte der König nichts mehr zu tun haben. Priorität hatte nun der Ausbau des preußischen Staates und dessen Machtstellung in Europa. Dieser Linie folgten auch sein Sohn Friedrich der Große und dessen Nachfolger Friedrich Wilhelm II. Bis zur Mitte des 19. Jahrhunderts spielten koloniale Erwerbungen in der außenpolitischen Strategie der deutschen Staaten keine Rolle mehr.

Buschmann und Chinesen sollen von deutscher Freiheit und deutscher Milde profitieren

„Nun wollen wir in Schiffen über das Meer fahren, da und dort ein junges Deutschland gründen, es mit den Ergebnissen unseres Rin-

Ankunft der Brandenburger in Guinea, 1681
Quelle: Schorers Familienblatt, 1885

gens und Strebens befruchten, die edelsten, gottähnlichen Kinder zeugen und erziehen", rief Richard Wagner am 15. Juni 1848 im Dresdner Vaterlandsverein aus. „Wir wollen es besser machen als die Spanier, denen die neue Welt ein pfäffisches Schlächterhaus, anders als die Engländer, denen sie ein Krämerkasten wurde."

Der Gedanke an die Erwerbung von Kolonien in „Übersee" fesselte nicht nur den jungen Revolutionär Richard Wagner. Mit dem Ruf nach der Vereinigung der deutschen Staaten und den Ereignissen von 1848/1849 ging auch der Wunsch nach einer „Weltmachtstellung" Deutschlands einher. Eine zentrale Forderung der Frankfurter Nationalversammlung war die Schaffung einer nationalen Kriegsflotte. Nur so sei es dem deutschen Volk möglich, „allüberall für die Entfaltung seiner Machtherrlichkeit zu sorgen", hieß es in einem Appell der Revolutionäre.

Bereits in der ersten Hälfte des 19. Jahrhunderts waren Forderungen nach einem verstärkten kolonialen Engagement in den deutschen Staaten laut geworden. Wirtschaftliche, soziale und politisch-militärische Aspekte spielten eine Rolle. Insbesondere die Industrialisierung und ihre Folgen für den Handel und die gesellschaftliche Realität wirkten als Motor. Für die wachsenden sozialen Spannungen im Innern, verbunden mit den Schlagworten „Pauperismus" und „Proletariat", und den ersten Auswanderungswellen nach Amerika suchten die bürgerlichen Schichten nach einer Lösung. Eigene Kolonien boten sich als Auffangbecken für sozial Schwache und als Absatzmärkte für die steigende Inlandsproduktion an. Dazu kamen religiöse und kulturelle Missionsphantasien. Ein „schönes, freies Deutschland", wünschte sich Richard Wagner auf allen Erdteilen. „Buschmann und Chinesen" sollten von „deutscher Freiheit und deutscher Milde" profitieren.

Die konkrete Umsetzung kolonialer Projekte jenseits der anschwellenden Publizistik stellte sich als äußerst mühsam dar. Einen ersten Versuch starteten Hamburger Kaufleute unter der Führung des Senatssyndikus Karl Sieveking in den Jahren 1841/1842 mit der Gründung einer „Deutschen Antipoden-Colonie". Dahinter stand die Erwerbung der neuseeländischen Chatham-Inseln, die auf dem Globus der Stadt Hamburg genau gegenüber lagen. Dort sollten deutsche Auswanderer angesiedelt werden, was auch „dem Mutterlande in pecuniärer, wie in moralischer Beziehung, directen Vortheil bringen" würde, so eine zeitgenössische Werbe-

Mainzer Adelsverein, der Verein deutscher Fürsten, Grafen und Herren zum Schutze deutscher Einwanderer in Texas, 1842

schrift. Ein ähnliches Ziel verfolgte der 1842 auf Schloss Biebrich bei Mainz gegründete „Verein deutscher Fürsten, Grafen und Herren zum Schutze deutscher Einwanderer in Texas". Durch Landkäufe im damals noch selbstständigen Texas wollte der Verein eine Basis für deutsche Einwanderer schaffen und gleichzeitig einen Absatzmarkt für die heimische Wirtschaft etablieren.

Beide Kolonialprojekte scheiterten. Zwar siedelten sich in Folge der Aktivitäten des „Mainzer Adelsvereins" zahlreiche Deutsche in Texas an, doch wurde das Gebiet 1845 Teil der nordamerikanischen Union und kam als deutsche Kolonie damit nicht mehr in Frage. Gegen den Kauf der Chatham-Inseln durch die Hamburger „Colonisations-Gesellschaft" hatte die britische Regierung bereits 1842 erfolgreich Einspruch erhoben.

Trotz dieser Misserfolge ebbte die öffentliche Debatte um den Erwerb von Kolonien nun nicht mehr ab. Das Flottenprogramm der 48er-Revolutionäre und ihre Forderung nach der „Weltgeltung" Deutschlands brachten neuen Schub. In der Folge entstanden in zahlreichen Städten Kolonialvereine, von denen einige Land erwarben und insbesondere in Südamerika kolonisatorischen Erfolg erzielten. In den brasilianischen Provinzen Santa Catarina und Rio Grande do Sol fanden auf diese Weise Tausende Deutsche eine neue Heimat. Aber auch Inseln im Indischen und Pazifischen Ozean, Gebiete in Ostasien und Afrika bewegten die Phantasie der wachsenden Kolonialbewegung in Deutschland. Getragen wurde diese Bewegung von Kaufleuten und Unternehmern, die sich neue Wirtschaftsräume erschließen wollten. Auch Geografen und Naturforscher sowie „Abenteurer" unterschiedlicher Couleur ebneten den Weg in unbekanntes Land. Eine zentrale Rolle spielte zudem die christliche Mission. Sie ging ursprünglich von England aus. Deutsche Missionare im Ausland standen deshalb zunächst im Dienst englischer Missionsgesellschaften, bis sich in Deutschland entsprechende Strukturen herausbildeten.

Einen ersten Schritt in Richtung staatlicher Kolonialpolitik bedeutete die preußische Handelsexpedition nach China, Japan und

Freundschafts-, Handels-

und

Schifffahrts-Vertrag

zwischen

den Staaten des Deutschen Zoll- und Handelsvereins, den Großherzogthümern Mecklenburg-Schwerin und Mecklenburg-Strelitz, sowie den freien Hansestädten Lübeck, Bremen und Hamburg

und

dem Kaiserreiche China.

Abgeschlossen und unterzeichnet zu Tient-sin, den 2. September 1861.

Die Ratifications-Urkunden sind am 14. Januar 1863 zu Shanghai ausgewechselt.

Hamburg 1863.

Gedruckt bei Theodor Gottlieb Meißner, Eines Hohen Senats Buchdrucker.

Freundschafts-, Handels- und Schifffahrtsvertrag von 1861
Quelle: Politisches Archiv Auswärtiges Amt

Siam in den Jahren 1860/1861, an der sich auch die anderen deutschen Staaten des Zoll- und Handelsvereins beteiligten. Sie stand unter der Leitung des Grafen Friedrich Albrecht zu Eulenburg, dem späteren preußischen Innenminister. Sein Auftrag lautete, Handelsverträge in Ostasien abzuschließen und die Länder wissenschaftlich und kommerziell zu untersuchen. Außerdem bat ihn der Oberkommandierende der preußischen Marine, Prinz Adalbert von Preußen, „einen Punkt zu finden, an welchem sich mit Aussicht auf Erfolg eine preußische Aussiedlung gründen ließe".

Treibendes Moment der Expedition war die Sorge, dass deutsche Handelsunternehmen in China ins Hintertreffen geraten könnten, seitdem sich insbesondere England und Frankreich nach den „Opiumkriegen" freien Zugang zu chinesischen Häfen gesichert hatten.

Graf zu Eulenburg konnte schließlich am 2. September 1861 im „Freundschafts-, Handels- und Schifffahrtsvertrag" erreichen, dass die deutschen Staaten in China dieselben Rechte erhielten, wie die „meistbegünstigten" Staaten. Deutschen Missionaren wurde in Artikel 10 „volle Sicherheit für die Ausübung ihrer Religionsbräuche" zugesichert. Die Einrichtung eines Flottenstützpunktes wurde dagegen verworfen. Immerhin einigten sich der Kaiser von China und der preußische König darauf, dass in Peking eine preußische Gesandtschaft errichtet werden durfte, die 1865 unter der Leitung von Guido von Rehfues ihre Arbeit aufnahm.

Zu einem kolonialen „Zugriff" deutscher Staaten in Afrika, Südamerika, Ostasien oder auf den pazifischen Inseln kam es bis zur Reichsgründung und noch weit darüber hinaus jedoch nicht. Zu sehr dominierten innenpolitische Fragen das Tagesgeschäft der Regierungen.

Der dringenden Aufforderung Hanseatischer Kaufleute und einflussreicher Marinekreise, von den im Krieg von 1870/1871 besiegten Franzosen die Abtretung Cochinchinas mit der Hauptstadt Saigon zu verlangen, entgegnete der Verhandlungsführer und spätere Reichskanzler Otto von Bismarck: „Oh! Oh! Cochin-

Reichspostdampferlinie Ostasiatischer Dienst
Norddeutscher Lloyd, 1898

china! Das ist aber ein fetter Brocken für uns; wir sind aber noch nicht reich genug, um uns den Luxus von Kolonien leisten zu können." Auch eine Mehrheit des Reichstags lehnte die Übernahme der Kolonie ab.

Machtpolitisch setzte Bismarck ganz auf die „europäische Karte". Doch langfristig kam auch der Reichskanzler nicht an der Tatsache vorbei, dass sich die wirtschaftlichen Interessen des Deutschen Reichs zunehmend globalisierten. Deutsche Handelsunternehmen entfalteten insbesondere in Afrika, China und im pazifischen Raum eine rege Tätigkeit und erwarben sich eine teilweise dominierende Stellung. Immer häufiger verlangten sie nach dem „Schutz" des Reiches, wenn sie durch Aufstände oder den Druck ausländischer Konkurrenz in eine prekäre Lage gerieten. Am Ende waren es auch nationale und internationale Prestigegründe, die Bismarck dazu brachten, seine Zurückhaltung in der Kolonialfrage für einige Jahre aufzugeben.

Wir wollen niemand in den Schatten stellen, aber wir verlangen auch unseren Platz an der Sonne

Es ist viel darüber spekuliert worden, aus welchen Beweggründen Bismarck seine ablehnende Haltung gegenüber kolonialen Erwerbungen Anfang der 1880er Jahre aufgab. Die gefestigte Lage des Reiches auf dem europäischen Kontinent zehn Jahre nach der Reichsgründung mag eine Rolle gespielt haben. Innenpolitisch standen 1884 Reichstagswahlen an, in deren Vorfeld das „Kolonialfieber" kräftig gestiegen und zu einem wichtigen Thema geworden war. Als drittes kam die stürmische Entwicklung der deutschen Bevölkerung und Wirtschaft hinzu, die ein „Ventil" im außereuropäischen Bereich geradezu erzwang.

Bereits 1880 löste die „Samoa-Vorlage" eine lebhafte Kolonialdebatte im Reichstag aus. Dabei ging es um die finanzielle Unterstützung des Hamburger Handelshauses Godeffroy & Sohn, das sich ausgehend von der Insel Samoa in der Südsee ein Wirtschaftsimperium aufgebaut hatte. Auch Engländer (Fidschiinseln) und Amerikaner (Hawaii) waren dort präsent. Weil die Gefahr bestand, dass das Hamburger Handelshaus, das in finanzielle Schwierigkeiten geraten war, von englischen Gläubigern übernommen werden könnte, wollte Bismarck mit 300 000 Mark aushelfen. Im Reichstag fiel die Vorlage jedoch durch, weil die Mehrheit aus freihändlerisch orientierten Liberalen im Verbund mit dem agrarisch orientierten Zentrum das „koloniale Experiment" ablehnte.

Wenige Jahre später ging es dann Schlag auf Schlag. Insbe-

Die Hafenstadt Lüderitz in Deutsch-Südwestafrika (heute Republik Namibia) im Jahr 1907. Foto: W. Slefken

sondere in Afrika war der Wettlauf europäischer Großmächte um günstige Handelsoptionen und Interessenssphären voll entbrannt. Dem Bremer Tabakwarenhändler Adolph Lüderitz (1834-1886) gelang es, an der Südwestküste Afrikas Verträge mit einheimischen Autoritäten abzuschließen und sich auf diese Weise ein großes Gebiet rund um die Walfischbai und Angra Pequena (der späteren Lüderitzbucht) anzueignen. In der Gegend unterhielt die Rheinische Missionsgesellschaft bereits seit 42 Jahren eine Station. Deren Leiter Friedrich Fabri hatte bereits mehrfach vergeblich Schutzgesuche an die deutsche Regierung gerichtet. Mit Datum vom 24. April 1884 wurden schließlich die Lüderitzschen Erwerbungen unter Reichsschutz gestellt – das bedeutete den Beginn er deutschen Kolonialpolitik in Afrika.

Wenig später lief der von Bismarck ausgesandte Reichskommissar Gustav Nachtigal Gebiete an der Togoküste und in Kamerun an. Dort war der Hamburger Großkaufmann und Reeder Adolph Woermann (1847-1911) aktiv. Er besaß zahlreiche Fabriken und unterhielt eigene Schifffahrtslinien. In einer Denkschrift hatte der einflussreiche Woermann bereits 1883 gefordert, an der Küste Westafrikas eine Flottenstation zu erwerben und eine Handelskolonie zu gründen. Im Juli 1884 hisste Reichskommissar Nachtigal in Togo und Kamerun die Reichsflagge und bestätigte die von deutschen Kaufleuten vorgelegten Verträge. Mit dem kaiserlichen „Schutzbrief" kam Nachtigal den Engländern zuvor, die ebenfalls ein Auge auf das Gebiet am Kamerun geworfen hatten.

In Ostafrika waren es zunächst keine Handelsinteressen deutscher Firmen, sondern der eigenmächtig im Auftrag der „Gesellschaft für deutsche Kolonisation" unternommene Eroberungszug des niedersächsischen Pastorensohnes Carl Peters, der das Reich in Zugzwang brachte. Peters schloss „Verträge" mit lokalen Herrschern und erwarb auf diese Weise im Küstenhinterland gegenüber Sansibar ein Gebiet von 140 000 Quadratkilometern. Im Februar 1885 stellte er in Berlin formal den Antrag auf Reichsschutz, der ihm wenig später auch gewährt wurde. In der Folge erweiterte der aggressiv und rücksichtslos agierende Peters durch mehrere Expeditionen das Schutzgebiet, sein langfristiger Plan, ein „deutsches Indien" in Afrika zu schaffen, scheiterte aber nicht zuletzt an Bismarcks ausgleichender Politik gegenüber den konkurrierenden Kolonialmächten England und Frankreich.

Von handelspolitischer Bedeutung war indes die Inselwelt in der Südsee, wo sich hanseatische Unternehmen seit den 1850er Jahren engagierten. Bismarcks Interesse am pazifischen Raum hatte sich bereits in der Debatte um die Samoa-Vorlage gezeigt. Treibende Kraft des kolonialen Projekts war der Inhaber der Berliner Disconto-Bank, Adolph von Hansemann. Gemeinsam mit Bismarcks Privatbankier Gerson von Bleichröder gründete er eine Neuguinea-Kompanie und strebte die Erwerbung des nordöstlichen Teils der Südseeinsel an. In diesem Fall war Bismarck bereit, den kaiserlichen Schutzbrief mit Datum vom 17. Mai 1885 auszustellen, weil sich auch Holländer und Briten in dem wirtschaftlich lukrativen Gebiet engagierten. Es dauerte noch einige Jahre, bis

In Kamerun wird am 14. Juli 1884 die deutsche Flagge gehisst.
Holzstich nach einer Skizze von Mandt.

sich die Mächte über die Aufteilung der Inseln einigten, am Ende konnte das Reich aber mit Teilen Neuguineas, Samoas sowie den Karolinen- und Marianen-Inseln eine starke Position behaupten. Das Deutsche Reich war damit in wenigen Jahren trotz Bismarcks kritischer Grundhaltung zur viertgrößten Kolonialmacht hinter England, Russland und Frankreich aufgestiegen. Die „verspätete" Nation hatte im Wettlauf um die „Aufteilung der Welt" kräftig aufgeholt. Unter Reichsschutz standen Deutsch-Südwestafrika, Togo, Kamerun, Deutsch-Ostafrika und pazifische Inseln wie Teile Neuguineas und Samoas. Von der aggressiven Kolonialpolitik der folgenden Jahrzehnte war Bismarcks vorsichtiges Taktieren aber noch weit entfernt. Der Begriff „Schutzgebiet" war seine Erfindung, von „Kolonien" wollte der Reichskanzler nicht sprechen. Dahinter stand seine Vorstellung, dass sich die Handelskonsortien in den Schutzgebieten selbst um die Verwaltung der Territorien kümmern sollten. Das machte er in einer Reichstagsrede am 28. November 1885 ganz deutlich: „Mein Ziel ist die Regierung kaufmännischer Gesellschaften, über denen die Aufsicht und der Schutz des Reiches und des Kaisers zu schweben hat." Preußische Beamte oder gar Militär hätten „in jenen Gegenden" nichts verloren.

Bismarcks Wunsch nach einer eher „informellen Herrschaft" in den Schutzgebieten erwies sich jedoch als Illusion. 1890, im Jahr seines Abgangs als Reichskanzler, wurde im Auswärtigen Amt eine Kolonialabteilung eingerichtet, aus der 1907 das Reichskolonialamt hervorging. Die Gründung der Behörde war unausweichlich, weil sich bereits nach kurzer Zeit herausstellte, dass die privaten Kolonisationsgesellschaften und die vor Ort agierenden Kaufleute nicht in der Lage und nicht willens waren, die Verwaltung der Schutzgebiete zu übernehmen. Die Konflikte mit den Eingeborenen nahmen insbesondere wegen der hemmungslosen Bodenspekulationen zu, außerdem führte die oftmals brutal durchgeführte Rekrutierung von Arbeitskräften für die Plantagen zu erheblichen Spannungen und gewalttätigen Auseinandersetzungen.

Briefmarke Deutsch-Südwestafrika, 5 Mark

Bismarcks Nachfolger Leo von Caprivi installierte mit Major Leutwein 1894 den ersten Gouverneur in Deutsch-Südwestafrika. Im selben Jahr musste für das von ständigen Unruhen geplagte Kamerun eine Schutztruppe gebildet werden, 1895 trat dort Jesco von Puttkamer seinen Dienst als Gouverneur an. Nicht anders in Deutsch-Ostafrika: Dort wurden zur Niederschlagung von Aufständen in den Jahren 1891 bis 1897 allein 61 „Strafexpeditionen" durchgeführt. Lediglich das Schutzgebiet an der Küste Togos blieb relativ friedlich. Unter dem vorbildlichen Kolonialbeamten Julius von Zech, der von 1903 bis 1910 als Gouverneur amtierte, entwickelte sich Togo zu einer Art „Musterkolonie", die obendrein ohne wesentliche Reichszuschüsse auskam.

Die Art der Landnahme, die Methoden bei der Arbeiterrekrutierung und das Maß der Teilhabe der eingeborenen Bevölkerung an wirtschaftlicher Entwicklung entschieden über Erfolg und Misserfolg der sich ausprägenden „kolonialen Herrschaft" in den deutschen Schutzgebieten. Dabei bemühten sich die vom Reich eingesetzten Gouverneure vor allem darum, die Kapitalgesellschaften zurückzudrängen und eine Landpolitik anzustoßen, die Einheimische in ihren Besitzrechten an Grund und Boden stärkte. Sie mussten allerdings den Widerstand deutscher „Pflanzer" überwinden, die auf die „Proletarisierung" der Eingeborenen setzten, um billige Arbeitskräfte für ihre Plantagen rekrutieren zu können.

Trotz aller Bemühungen der Reichsregierung, die unter dem Druck der von den Zuständen in den Kolonien zunehmend beunruhigten deutschen Öffentlichkeit eine Befriedung der Schutzgebiete erreichen wollte, kam es in den beiden afrikanischen Siedlungskolonien Deutsch-Südwest und Ostafrika beinahe zeitgleich in den Jahren 1904 und 1905 zu regelrechten Kolonialkriegen. In Erinnerung geblieben ist der Vernichtungsfeldzug unter Generalleutnant von Trotha gegen den Stamm der Herero in Südwestafrika. 14 000 Soldaten wurden eingesetzt, es gab auf deutscher Seite 1500 Tote. Zehntausende Herero starben, ein Großteil von ihnen wurde von Trothas Truppen in die Wüste und damit in den sicheren Tod getrieben. Unter dem Eindruck ähnlicher Massaker in Ostafrika notierte ein deutscher Augenzeuge im Jahr 1905: „Wir müssen erst lernen, den Neger richtig als Menschen und nicht als Vieh zu behandeln."

Das koloniale und vor allem moralische Fiasko in Afrika bezeichnet einen schlimmen Auswuchs der aggressiven „Weltpolitik", die sich seit dem Ausscheiden Bismarcks mit Billigung und Förderung Kaiser Wilhelms II. Bahn gebrochen hatte. Jenseits wirtschaftlicher Vernunft und völkerrechtlicher Belange wurden mit der Attitüde des „Herrenmenschen" deutsche Interessen durchgesetzt. Die Ereignisse in den afrikanischen Schutzgebieten 1904/1905 brachten in der Kolonialpolitik zwar einen gewissen Umschwung, der Grundakkord des deutschen Imperialismus, der wesentlich auf einem übersteigerten Sendungsbewusstsein fußte, war aber unüberhörbar angeschlagen worden.

Es ist bezeichnend, dass in den Schutzgebieten, in denen wirtschaftliche Aspekte dominierten und die sich zu aller erst als „Han-

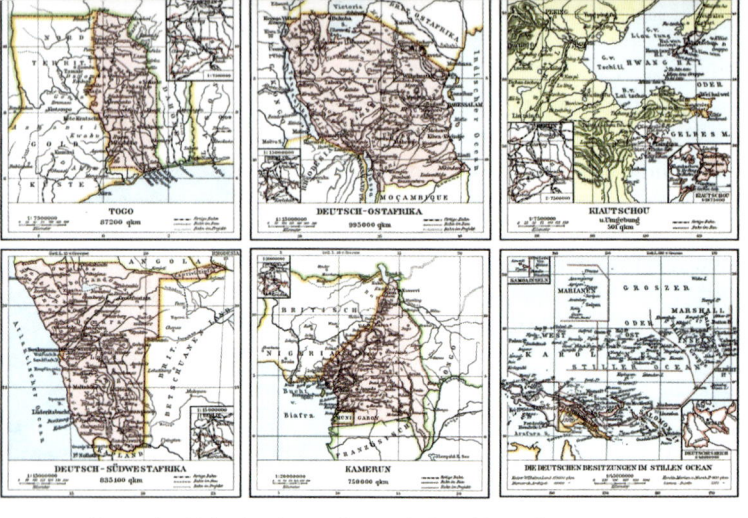

Deutsche Kolonien: Togo, Deutsch-Ostafrika, Kiautschou, Deutsch-Südwestafrika, Kamerun, Besitzungen im Stillen Ozean, 1910

delskolonien" verstanden, ein anderer Weg zumindest partiell möglich war. Als beispielhaft kann die Entwicklung auf Deutsch-Neuguinea gelten. Nachdem sich dort weinige Jahre nach Gewährung des Schutzbriefes die von Adolph von Hansemann geführte Kolonisationsgesellschaft zur großen Enttäuschung Bismarcks als unfähig und unwillig zur administrativen Durchdringung des Gebiets erwies, wurde bereits 1899 mit Albert Hahl ein Gouverneur auf der Südseeinsel installiert. Die rücksichtslose Landpolitik der Gesellschaft hatte zu ständigen Erhebungen der einheimischen Bevölkerung geführt. Hahl reagierte mit einer Reform der Verwaltung, die eingeborenen Eliten erstmals die Möglichkeit gab, an Entscheidungsprozessen teilzuhaben. Landkäufe und –verkäufe bedurften nun der Genehmigung des Gouvernements, Spekulationen waren damit ausgeschlossen. Die auf Neuguinea seit Mitte des 19. Jahrhunderts aktiven christlichen Missionsgesellschaften band Hahl geschickt ein, indem er sie bei Schulgründungen unterstützte und auf diese Weise das Bildungsniveau der Einheimischen hob. Ähnlich agierte auf West-Samoa der von 1900 bis 1911 amtierende Gouverneur Wilhelm Solf, dessen erfolgreiche Tätigkeit im Schutzgebiet sich in einer politischen Karriere im „Mutterland" auszahlte. 1911 wurde Solf Staatssekretär im Reichskolonialamt, von 1920 bis 1928 ging er als Botschafter nach Tokio. Die beiden Südsee-Gouverneure verstanden ihre Schutzgebiete als „Land für Kaufleute und eingeborene Kulturen". Damit setzten sie auf die „informelle Herrschaft", die für Bismarck zu Beginn der deutschen Kolonialgeschichte eine Prämisse für das Engagement in „Übersee" war.

Handelsinteressen und militärische Überlegungen führten mehr als ein Jahrzehnt nach den kolonialen Erwerbungen in Afrika und im Pazifik schließlich zu einem „Zugriff" an der chinesischen Küste, wobei sich das Schutzgebiet Kiautschou von den anderen Kolonien in besonderer Weise unterschied. Treibende Kraft war in diesem Fall die Reichsmarine, die sich nach der erfolgreichen Ostasienexpedition der Jahre 1860 und 1861 einen Stützpunkt an der chinesischen Küste oder einer der vorgelagerten Inseln wünschte. Dazu kam, dass deutsche Kaufleute seit Öffnung der chinesischen Häfen und dem Abschluss des deutsch-chinesischen Handelsvertrags erfolgreich im „Reich der Mitte" agierten. Hinter England, aber noch vor Frankreich und Russland rangierte Deutschland im Chinahandel an zweiter Stelle. Gestützt wurde er von der 1889 von einem deutschen Bankenkonsortium gegründeten Deutsch-Asiatischen Bank. Im November 1890 erklärte sich das Deutsche Reich auf eindringliche Bitten des Pekinger Gesandten Max von Brandt zudem bereit, den Schutz über die in der Provinz Shantung angesiedelte katholische Steyler Mission zu übernehmen. Das war ein deutliches Zeichen an die konkurrierenden Kolonialmächte, dass in Zukunft mit einem verstärkten deutschen Engagement in China zu rechnen sei.

Der bereits als kommender Staatssekretär des Reichsmarineamts nominierte Konteradmiral Alfred von Tirpitz erhielt 1896 seine Kommandierung als Chef der ostasiatischen Kreuzerdivision und den Auftrag, „an der chinesischen Küste einen Platz auszusuchen, wo Deutschland einen wirtschaftlich-militärischen Stützpunkt errichten könnte". In seinen „Erinnerungen" aus dem Jahr 1920 deckte Tirpitz die Zielrichtung der chinesischen Aktion auf: „Der Mangel eines Stützpunktes schob uns, von allem anderen abgesehen, schon darum ins Hintertreffen, weil der einzige Machtfaktor, der die deutsche Arbeit schützte und auf die fremdenfeindlichen Behörden Eindruck machte, unser fliegendes Geschwader, mit Sein oder Nichtsein von den Hongkonger Docks und damit von der britischen Gnade abhing. Sollte der deutsche Handel immer mehr aufhören, ein Zwischenträger zwischen englischen und chinesischen Erzeugnissen zu sein, und deutsche Waren auf den asiatischen Markt werfen, so bedurfte er ebenso wie unser Geschwader eines eigenen Hongkongs."

Unklar war, wo das „deutsche Hongkong" errichtet werden sollte. In Berlin wurden verschiedene Inseln vor der chinesischen Küste favorisiert, doch befand Tirpitz diese Lösungen als unzureichend. Nach einer Unterredung des Admirals mit dem neuen Pekinger Gesandten Edmund von Heyking und einer Intervention bei Wilhelm II. fiel die Wahl schließlich auf die Bucht von Kiautschou mit der Hafenstadt Tsingtau in der Provinz Shantung. Diesen Küstenort hatte bereits der Geograf Ferdinand von Richthofen als Stützpunkt empfohlen. Richthofen hatte nach seiner Teilnahme an der Ostasienexpedition China bereist und galt als exzellenter Kenner des Landes. In seinen Schriften hob er das wirtschaftliche Potential der Provinz Shantung und die günstige Beschaffenheit und Lage der Kiautschou-Bucht hervor.

Die Ermordung zweier Missionare der Steyler Mission im November 1897 bot schließlich den willkommenen Anlass, die Bucht in Besitz zu nehmen. Die Kreuzerdivision landete auf persönlichen Befehl des Kaisers am 14. November 1897 unter Führung Otto von Diederichs in Kiautschou und hisste die deutsche Flagge. Die chinesische Besatzung zog sich widerstandslos zurück. Am 6.

März 1898 unterzeichneten der deutsche Gesandte Edmund von Heyking und zwei hohe Beamte des chinesischen Außenministeriums in Peking einen Vertrag, mit dem das Deutsche Reich die Kiautschou-Bucht für 99 Jahre als Pachtland übernahm und sich in einem 50 Kilometer breiten Landgürtel um die Bucht herum freien Truppendurchzug zusichern ließ. Im Zusammenhang mit der Besetzung der Bucht, mit der das Deutsche Reich zum ersten Mal aus eigenem Antrieb und mit militärischen Mitteln ein „Schutzgebiet" auf ausländischem Boden erzwang, erklärte der Staatssekretär des Auswärtigen Amtes und spätere Reichskanzler Bernhard von Bülow am 6. Dezember 1897 im Reichstag: „Die Zeiten, wo der Deutsche dem einen seiner Nachbarn die Erde überließ, dem anderen das Meer und sich selbst den Himmel reservierte, wo die reine Doktrin thront – diese Zeiten sind vorüber. Wir betrachten es als eine unserer vornehmsten Aufgaben, gerade in Ostasien die Interessen unserer Schifffahrt, unseres Handels und unserer Industrie zu fördern und zu pflegen. ... Wir wollen niemand in den Schatten stellen, aber wir verlangen auch unseren Platz an der Sonne."

Das geflügelte Wort vom „Platz an der Sonne" gilt bis heute als Ausdruck imperialer Wünsche des im kolonialen Wettlauf „zu spät gekommenen" Deutschen Reichs. Die gewaltsame Besitzergreifung der Kiautschou-Bucht bedeutete so gesehen eine tiefe Zäsur in der deutschen Außenpolitik. Ein zweiter Aspekt kommt hinzu: Der Flottenstützpunkt an der chinesischen Küste sollte insbesondere den Briten demonstrieren, dass das Deutsche Reich gewillt war, nun auch auf den Weltmeeren eine gewichtige Rolle zu spielen. Der Flottenbau als Instrument der deutschen „Weltpolitik", den der „Entdecker" der Kiautschou-Bucht, Alfred von Tirpitz, vorantrieb, führte in seiner späteren Ausprägung als „Wettrüsten" zur Konfrontation mit England und letztlich zum Ausbruch des Ersten Weltkriegs.

Emil Krebs, 1879

Von Esdorf über Berlin nach Peking
Eckhard Hoffmann

Emil Krebs erblickte am 15. November 1867 im niederschlesischen Freiburg als Erstgeborener der Eheleute Gottlob (1834-1907) und Pauline Krebs, geborene Scholz (1845-1906), das Licht der Welt. Zu ihm gesellten sich in den nächsten beiden Jahrzehnten sieben Schwestern und zwei Brüder. Sein Vater war Zimmermeister. 1870 zog die Familie in das Geburtshaus der Mutter im nahgelegenen Esdorf. Dort erwarben die Eltern noch zusätzlich das Anwesen Nr. 7 als Domizil für das gegründete Bauunternehmen, das nach dem Tod des Vaters sein jüngerer Bruder Alfred (nicht zuletzt mit Hilfe eines von Bruder Emil gewährten Darlehens) übernahm.

Während seines knapp ein Vierteljahrhundert währenden China-Aufenthaltes zwischen 1893 und 1917 nahm der Dolmetscher nur dreimal Heimaturlaub, 13. September 1902 bis 3. Juni 1903, 22. Juni 1907 bis 9. Mai 1908 und 17. Oktober 1911 bis 11. Mai 1912. In das Esdorfer Haus, genauer in das „Studierzimmer" im Obergeschoss, zog er sich dann zurück.

Esdorf und Freiburg liegen in dem 1899 gebildeten Landkreis Schweidnitz. Die Orte gehören heute zur Woiwodschaft Niederschlesien, deren Grenzen teilweise der Historie entsprechen. Die einstige preußische Residenzstadt Breslau fungiert wie eh und je als politisches, kulturelles und wissenschaftliches Zentrum der Region.

Immerhin gab es in Esdorf mit 400 Einwohnern eine bereits 1830 errichtete einklassige evangelische Dorfschule, die Krebs ab 1873 besuchte. Dort entdeckte der Neunjährige ein französisches Wörterbuch. Er nahm es mit nach Hause und lernte französische Vokabeln, ohne sich jedoch mit deren Aussprache zu befassen. Nach einigen Wochen brachte er in der Schule sein Wissen an: „Monsiör, sche etudieh franzeis. Wollez parler awek moi?"

Die Eltern Gottlob und Pauline Krebs, um 1895

Seine Frau Amande „fand später in seiner Bibliothek dieses Buch, in das mit Kinderhandschrift hinter die deutschen die englischen und hinter die französischen die italienischen Vokabeln geschrieben waren".

Lehrer Theodor Hoffmann erkannte die Begabung des Jungen für fremde Sprachen. Eine Beratung mit den Eltern führte ab 1. April 1878 zum Wechsel des Sohnes auf die Höhere Bürger- und Realschule in Freiburg. Dort fand er bei Verwandten Unterkunft. Zwei Jahre später, weil „das nicht die richtige Schule für mich ist", wechselte Emil Krebs auf das Evangelische Gymnasium in Schweidnitz – gegründet nach der Altranstädter Konvention von

1707, als Josef I., Kaiser des Heiligen Römischen Reiches Deutscher Nation, auf Druck des Königs Karl XII. von Schweden die Glaubensfreiheit in Schlesien gewähren musste. Mit der auf Schloss Altranstädt getroffenen Vereinbarung wurden den schlesischen Protestanten ihre ehemaligen Kirchen zurückgegeben und der Bau von Schulen ermöglicht. Der katholische Absolutismus wurde zumindest beschränkt – eine konfessionell gemischte Region war im Entstehen.

Der 1657 vom Architekten Albrecht von Säbisch geschaffene turmlose Fachwerkbau der Schweidnitzer „Friedenskirche zur heiligen Dreifaltigkeit" durfte nun mit Turm und Glocken versehen werden. Bereits am 6. März 1708 begann man mit dem Bau der Schule, zum Jahresende war das Gebäude fertig. 1813 wurde daraus das Gymnasium der Stadt Schweidnitz. 1854 bekam die Lehranstalt ein neues Haus. Zu den Schülern gehörten der Maler Wolfgang von Websky (1895-1992), der Dichter Johann Christian Günther (1695-1723), der Baumeister Carl Gotthard Langhans (1732-1808), der Jurist Carl Gottlieb Svarez (1746-1798), der Burgtheaterdirektor Heinrich Laube (1806-1884) und – wie die Lehranstalt im Jahr 1931 mit Stolz verkündete: „Emil Krebs – das Sprachgenie ohne Beispiel!"

Bevor Krebs damals den Weg an die Universität Breslau wagte, stand am Gymnasium erst einmal das Abitur an. 1887 gab es dort bei 36 Wochenstunden für Latein 8, Griechisch 6, Französisch 2, Hebräisch 2 und Mathematik 4 Stunden Unterricht. Wegen seiner überragenden mathematischen Leistungen wurde er im letzten Schuljahr vom täglichen Unterricht befreit.

In den „Schulnachrichten" des Jahres 1931 hieß es: „Wenn wir anderen in der Stenographie uns an das übliche Stolzesche System hielten, arbeitete Krebs nach der schwereren Gabelsberger-Methode und war uns auch hierbei bald voran. Er galt als absolut sicher in allem, was er anfasste, keiner, der sich um Rat und Beistand bei Übersetzungen, mathematischen Aufgaben und dergleichen an ihn wandte, ging unbefriedigt von dannen." So kam es, dass über

Höhere Bürger- und Realschule Freiburg in Schlesien

seine „Sittliche Aufführung" im Abiturzeugnis zu lesen ist: „Der Zögling hat stets eine erfreuliche Gesinnung und ein anständiges, wohlgesittetes Betragen an den Tag gelegt. Gegen seine Lehrer und Vorgesetzten benahm er sich immer bescheiden und ehrerbietig; mit den Mitschülern verkehrte er freundlich. Die Reife des Charakters ist ihm mit Recht zuzuschreiben. Bei guten Anlagen hat er dauernd einen regen, steten Fleiß und ein sichtlich hervortretendes wissenschaftliches Interesse in solchem Maße bemüht, dass er es zu einem recht günstigen Resultate der Schulbildung gebracht hat." Im Detail kam die Königliche Prüfungskommission am 17. März 1887 zu folgendem Urteil:

Der Prüfungsaufsatz in lateinischer Sprache „war ziemlich ausführlich und behandelte das Thema in sicherer, gewandter Sprache." Griechisch sowie die mündlichen und schriftlichen Leistungen in Französisch wurden ebenso mit „Gut" bewertet. Da sich „der Zögling dauernd und mit gutem Erfolge privatim mit mathematischen Disziplinen beschäftigte, die jenseits des Gymnasialziels" lagen, bekam die Arbeit in Mathematik ein „Sehr gut".

Es ist heute kaum vorstellbar, dass einem Zwanzigjährigen zum Abitur der Originaltext des „2. Buch Mose" mit „Exodus 33, 1–5" in hebräischer Sprache für eine Prüfungsarbeit vorgelegt wird. Nicht so in Schweidnitz des Jahres 1887. Erwartet wurde von Emil Krebs, dass er sich zu dem im Alten Testament beschriebenen Auszug (Exodus) der Israeliten aus Ägypten äußert.

Dort heißt es: „33:1 Der Herr sprach zu Mose: Geh, zieh mit dem Volk, das du aus Ägypten heraufgeführt hast, fort von hier, in das Land hinauf, von dem ich Abraham, Isaak und Jakob mit einem Eid versichert habe: Deinen Nachkommen gebe ich es. 33:2 Ich sende einen Engel, der dir vorangeht, und ich vertreibe die Kanaaniter, Amoriter, Hetiter, Perisiter, Hiwiter und Jebusiter. 33:3 In ein Land, in dem Milch und Honig fließen, wirst du kommen. Ich selbst ziehe nicht in deiner Mitte hinauf, denn du bist ein störrisches Volk. Es könnte sonst geschehen, dass ich dich unterwegs vertilge. 33:4 Als das Volk diese Drohung hörte, trauerten sie und keiner legte seinen Schmuck an. 33:5 Da sprach der Herr zu Mose: Sag zu den Israeliten: Ihr seid ein störrisches Volk. Wenn ich auch nur einen einzigen Augenblick mit dir zöge, müsste ich dir ein Ende machen. Jetzt aber leg deinen Schmuck ab! Dann will ich sehen, was ich mit dir tun kann."

Krebs hatte sich bereits als Gymnasiast mit Neu-Griechisch, Englisch, Italienisch, bald auch mit Spanisch, Russisch, Polnisch, Arabisch und Türkisch beschäftigt. Lehrer Ludwig Worthmann bestätigte die Sprachkenntnisse: „Von einem ganz besonders begabten Jahrgange war er der unbestrittene Primus. In dem wahlfreien Unterricht im Hebräischen setzte er bei den damals aufgegebenen Analysen seinen Lehrer, der eben nur Hebräisch konnte, in Verlegenheit in dem er immer noch dazu schrieb, wie das Wort Assyrisch oder Arabisch hieß." Als er das Gymnasium verlässt, spricht er zwölf Sprachen. Das Krebssche Ergebnis über „Exodus" erhielt das Prädikat „Sehr gut", weil es „über das gewöhnliche Maß hinausgehende Kenntnisse verriet." Erwähnt werden kann dann auch, dass „seine sportlichen Leistungen nur wenig genügten".

Evangelisches Gymnasium Schweidnitz

„Die unterzeichnete Prüfungskommission hat ihm demnach, da er jetzt das hiesige Gymnasium verlässt, um Theologie und Philosophie zu studieren, das Zeugnis der Reife ertheilt; dass er auf der Bahn sittlich und guter Führung und ernsten, angestrengten Fleißes bleiben werde."

Sittlich, fleißig, anständig, ehrerbietig – diese Beurteilungen haben Emil Krebs lebenslang begleitet, und sie waren für seine Karriere offensichtlich hinderlich. Er war sich seines genialen Könnens auf dem Gebiet der Sprachen sicher, ebenso aber auch seiner Kenntnisse über fremde Völker. Er wusste, dass es letztlich nicht nur um die Sprache, sondern vor allem um das Kulturverständnis geht. Ein noch so ausgezeichneter Sprachmittler, der von der Geschichte und Kultur des jeweiligen Landes wenig oder gar nichts versteht, kann als Mittler, als „Kurier des Geistes", was Übersetzer und Dolmetscher ohne Zweifel sind, nur wenig taugen.

Krebs wusste dies jedoch zu seinem eigenen Vorteil gegenüber seiner vorgesetzten Stellen nicht zielführend einzusetzen. Dies betraf seinen Aufenthalt in China, immerhin fast ein Vierteljahrhundert, vor allem aber nach seiner Rückkehr die Zeit beim Auswärtigen Amt in Berlin.

Zum Sommersemester 1887 schrieb sich Krebs an der „Schlesischen Friedrich-Wilhelms-Universität zu Breslau" ein, die seit der Vereinigung der alten „Leopoldina" und der Universität Viadrina in Frankfurt (Oder) durch königliche Kabinettsorder ab 1811 mit den Fakultäten Katholische Theologie, Evangelische Theologie, Recht, Medizin und Philosophie neu gegründet worden war – die erste deutsche Universität mit einer katholischen und einer protestantischen Fakultät. Auf Wunsch seiner sehr gläubigen Mutter entschied er sich für Theologie.

Krebs, der seine Sprachbegabung durchaus erkannte, war wohl nicht entgangen, dass sich in Deutschland eine Bewegung vollzog, die auf den Erwerb von Kolonien drängte. Bismarcks Haltung, „meine Karte von Afrika liegt in Europa. Frankreich liegt links, Russland liegt rechts, in der Mitte liegen wir. Das ist meine

Emil Krebs, 1887

Karte von Afrika", war alsbald Geschichte. Nachdem im März 1890 „der Lotse von Bord" gegangen war, brachte Kaiser Wilhelm II. seine imperialistische Kolonialpolitik voran.

Bereits am 23. Mai 1887 hatte Kaiser Wilhelm I. das Gesetz zur Errichtung eines Seminars für Orientalische Sprachen erlassen: „Wir Wilhelm, von Gottes Gnaden Deutscher Kaiser und König von Preußen verordnen im Namen des Reichs, nach erfolgter Zustimmung des Bundesraths und des Reichstags, was folgt:

§ 1. Der Reichskanzler wird ermächtigt, mit der Königlich preußischen Regierung eine Vereinbarung wegen Errichtung eines Seminars für Orientalische Sprachen bei der Königlichen Friedrich-Wilhelms-Universität zu Berlin abzuschließen und in dieser Vereinbarung zu den Kosten des Seminars einen Beitrag in Höhe der Hälfte derselben Namens des Reichs mit der Maßgabe zuzusichern, dass der Beitrag zu den Kosten der ersten Einrichtung zwanzigtausend Mark, der Beitrag zu den jährlichen Kosten sechsunddreißigtausend Mark nicht überschreiten darf.

§ 2. Die vom Reich auf Grund dieses Gesetzes alljährlich zu verwendenden Beträge sind in den Reichshaushaltsetat aufzunehmen."

Mit dem Seminar wurde an der Berliner Universität – unabhängig von der Philosophischen Fakultät – ein Institut geschaffen, an dem Aspiranten für den Auswärtigen Dienst und den Kolonialdienst des Deutschen Reiches sowie Kaufleute, Beamte, Offiziere, Theologen, Mediziner und Techniker in Sprachen ausgebildet werden sollten, die bisher nicht gelehrt wurden: Chinesisch, Japanisch, Hindustani, Arabisch, Persisch, Türkisch, Suaheli.

Das Institut, abgesichert in den Etats des Auswärtigen Amtes und des Reichskolonialamtes, wurde am 27. Oktober 1887 im Gebäude der Alten Börse am Lustgarten 6 eröffnet. Es sollte den theoretischen Sprachunterricht mit praktischer Übung verbinden. Die Seminarstunden gestalteten ein sprachkundiger deutscher Dozent zusammen mit einem Lektor der jeweiligen Muttersprache – in der Chinesischklasse waren das seinerzeit die Herren Pan Wei-fu (für Südchinesisch) und Kuei Lin (für Nordchinesisch).

Friedrich-Wilhelms-Universität zu Breslau, um 1900
Quelle: Library of Congress Washington

Mit der nachträglich erlassenen Bestimmung vom 22. Juni 1889 wurde eine Schlussprüfung zur Erlangung eines Diploms eingeführt. Sie war nicht obligatorisch, allerdings war bekannt, dass Aspiranten für den Dolmetscherdienst beim Auswärtigen Amt mit bestandener Prüfung anderen Bewerbern vorgezogen wurden.

Das Auswärtige Amt, so die offizielle Bezeichnung des deutschen Außenministeriums, war mit der Reichsgründung von 1871 durch die Übernahme des 1807 geschaffenen „Ministeriums der Auswärtigen Angelegenheiten" des Norddeutschen Bundes entstanden. Bis zum Jahr 1945 hatte es seinen Sitz in der Berliner Wilhelmstraße 76.

Zu Zeiten Bismarcks gab es eine Politische Abteilung, zuständig für Politik und Personalien, und eine zweite Abteilung für die Bereiche Außenhandel sowie Rechts- und Konsularwesen, die den beiden streng getrennten Laufbahnen „Diplomat" und „Konsul" entsprachen. 1890 folgte eine eigene Kolonialabteilung, die 1907 zum Reichskolonialamt wurde.

Friedrich-Wilhelms-Universität zu Berlin, um 1860
Lithographie von F. A. Borchel

Daneben unterhielt das Haus in der Berliner Wilhelmstraße den sogenannten Dolmetscher-Dienst. Interessierte Bewerber wurden zunächst als Dolmetschereleven mit einer zehnjährigen Verpflichtung zu einem „günstigen" Salär angestellt. Nach absolvierter Prüfung „konnten" sie unter gewissen Umständen „etatmäßige" Dolmetscher und damit Beamte mit Pensionsanspruch werden. Erst nach zehn Jahren „Bewährung" räumte das Auswärtige Amt diesen Mitarbeitern die Möglichkeit ein, eine Konsulatslaufbahn einzuschlagen, für die allerdings juristische Kenntnisse verlangt wurden. Voraussetzung war wiederum eine schriftliche und mündliche Prüfung in Deutsch, Englisch und Französisch. Erst nach dieser Examinierung bestand eventuell unter wiederum gewissen Bedingungen die Möglichkeit, Vizekonsul, Konsul oder Generalkonsul zu werden.

Emil Krebs, dem die Voraussetzungen für den Dienst in den Kolonien bekannt waren, belegte ab Wintersemester 1887/88 an der Berliner Universität Jura sowie am Seminar für Orientalische

Seminar für Orientalische Sprachen in der Alten Börse im Jahr 1889,
dahinter der Schinkelsche Dom von 1822, an dessen Stelle 1905 der
Berliner Dom nach Plänen von Julius Raschdorff entstand.
Foto: F. Albert Schwartz, 1887

Sprachen Chinesisch, später auch Türkisch. Aus seiner späteren
Bewerbung beim Auswärtigen Amt geht hervor, dass er sich bereits in Breslau, „ohne das Studieren der türkischen und arabischen Sprache außer Acht zu lassen", mit Chinesisch beschäftigte.
„Aufgrund der Einzigartigkeit der chinesischen Sprache schaffte
es sie, meine Interessen bis aufs Letzte auf sich zu ziehen."

Seine Bewerbung beim Seminar für Orientalische Sprachen
wird von Anekdoten begleitet. Eine aus der Verwandtschaft über-
lieferte sei erwähnt: Krebs erhielt einen Vordruck mit den ange-
botenen Sprachen. Er solle eine davon auswählen, vermerkte auf
dem Papier jedoch „alle". Als er darauf hingewiesen wurde, dass
nur eine Sprache gestattet sei, entschied er sich für Chinesisch.
Dort traf er auf den im schlesischen Grünberg geborenen Otto
Julius Bierbaum (1865-1910), der wie Krebs gleichzeitig Jura und
Chinesisch studierte. Bierbaum brach das Studium ab. Er wurde

Literat, von dem selbst Thomas Mann überzeugt war, weil „es sein könnte, dass manch sangbares Lied seines Mundes noch lebt, wenn vieles, was heute gewichtiger dünkt, vergessen ist". 1892 veröffentlichte Bierbaum in seinen „Studenten-Beichten" die Geschichte „To-lu-to-lo oder wie Emil Türke wurde."

Irgendwie war der ziemlich genau beobachtende (und obendrein wohl über das Privatleben ebenso gut informierte) Bierbaum von Krebs beeindruckt. Er machte den Kommilitonen unter dem Namen Emil Meyer nicht nur zur zentralen Gestalt der Erzählung, er lieferte auch eine liebevoll-ironische Beschreibung des Charakters.

Emil war „ein bisschen klein und hatte in seinen Bewegungen etwas Schüchternes, aber man weiß, dass das manchmal recht beliebt ist. Und dann besaß er einen entzückenden Schnurrbart, und seine Augen, groß und blau, ließen auf die Gabe hingebender Zärtlichkeit schließen. Mit Recht. Emil war wirklich eine zärtliche Natur, und er wäre wahrscheinlich ein ganz verliebter Referendar gewesen, wenn nicht der Ehrgeiz und sehr solide Erziehungsgrundlagen das Gegengewicht zu den zärtlichen Seiten seines Wesens abgegeben hätten. China war es, das ihn gebietend von der Liebe wegwinkte" – bis zu jenem Abend, an dem Emil von der Zimmernachbarin Gertrud verführt wird. Er verliebt sich in sie, übersetzt gar ihren Namen ins Chinesische mit „To-lu-to-lo". Das geht eine Weile gut. Plötzlich aber will sie „Menschen sehen". Es folgt der Auftritt von Herrn Pan Wei-fu, dem Lektor für Südchinesisch am Seminar für Orientalische Sprachen. Pan spannt dem Emil nicht nur die Gertrud aus, im Seminar richtete er „regelmäßig zu Beginn jeder Stunde einen Gruß von To-lu-to-lo aus", schreibt gar die entsprechenden chinesischen Schriftzeichen an die Tafel und übersetzt sie als: „Fremd kommt zu Fremd und wird vertraut".

Das war für Emil zu viel. „Alles Chinesische war ihm plötzlich eine große Widerwärtigkeit. Oh, diese Rasse! Verlogen! Verkommen! Verseucht! Heimtückisch! Feige! Frech! Grausam! Hässlich! Schadenfroh! Und diese Sprache! Ein Gebell! Ein Geklapper mit

Emil Krebs, 1891

Holzklötzen! Ein ungefüges kindisches Gepappel! Dann kam das Klima dran, der Fremdenhass, der Schmutz, der mangelnde Komfort, die weite Entfernung des Landes."

Nach wie vor strebte Emil Krebs eine Karriere als Konsularbeamter an. Allerdings beschloss er nunmehr, „dass die Türkei wie für ihn geschaffen wäre. In jeder Hinsicht. Aber die Hauptsache, die er sich indessen nicht als solche eingestand, war wohl der Umstand, dass die türkischen Stunden nachmittags lagen, so dass er sicher sein konnte, um diese Zeit keinen Chinesen im Seminar zu sehen. Und so geschah's. Emil verschwand aus der chinesischen Klasse und tauchte in der türkischen wieder auf."

Bierbaums Pointe sitzt ebenso treffend wie seine Charakteristik, die letztendlich später auch durch die Schilderungen seiner Frau Amande Krebs bestätigt wurde: Liebe, Anhänglichkeit, Vertrauen, Bescheidenheit, Naivität, aber auch Wissensdurst und Beharrlichkeit. Vom Grundsatz sah er doch in allem erst einmal das Gute und erkannte zu spät sich anbahnende Veränderungen. Nie versuchte er, seine Vorzüge und Stärken in den Vordergrund zu schieben. Somit gehörte er zu den Verlierern – wie es sich dann auch in Berlin tatsächlich widerspiegelte.

Klargestellt sei, dass Krebs am 24. Juli 1890 sein Examen nicht in Türkisch, sondern in Chinesisch mit der Note „Gut" ablegte.

Vorsitzender der Königlichen Prüfungskommission war der Orientalist Eduard Sachau (1845-1930), der 1894 in der Reihe „Lehrbücher des Seminars für Orientalische Sprachen in Berlin" den Band „Einführung in die nordchinesische Umgangssprache" publizierte. Der Kommission gehörten weiterhin an: der Sinologe Carl Arendt (1838–1902), der die Grundlagen für den Unterricht der chinesischen Umgangs- und Schriftsprache in Deutschland legte, Georg von der Gabelentz (1840–1893), dessen „Chinesische Grammatik" 1881 erschien, 1953 unverändert neu aufgelegt wurde und seitdem mehrere Auflagen erlebte, Wilhelm Grube (1855–1908), der 1902 die „Geschichte der chinesischen Literatur" veröffentlichte, sowie Kuei Lin, der Lektor für Nordchinesisch. Sie

Otto Julius Bierbaum. Zeichnung von Olaf Leonhard Gulbransson

bescheinigten, dass Krebs „bei der schriftlichen Prüfung in dem Verständnis und der Übersetzung zweier schwierigerer Schriftstücke im amtlichen Stil aus dem Chinesischen ins Deutsche eine tüchtige Befähigung und Gewandtheit, bei der Übersetzung eines Briefes im amtlichen Stil und einer Erzählung in der Umgangssprache aus dem Deutschen ins Chinesische bei guter Zeichenkenntnis befriedigende Fertigkeit und Sicherheit bewiesen habe.

Sein deutscher Aufsatz über die exterritoriale Gerichtsbarkeit in China konnte als eine besonders tüchtige Leistung bezeichnet werden. Im Schreiben chinesischer Zeichen hat er sich eine hinlängliche Geschicklichkeit angeeignet. Bei der mündlichen Prüfung hat er eine recht anerkennungswerte Geläufigkeit und Korrektheit im Verständnis und in der Handhabung der chinesischen Umgangssprache bei deutlicher und im Allgemeinen richtiger Aussprache, verbunden mit sicherem Urteil und guten Kenntnissen in der grammatischen Theorie und im Wortschatz, sowie eine anerkennungswerte Fertigkeit in der Übertragung von Texten im höheren Stil an den Tag gelegt".

Eduard Sachau ergänzte: „Derselbe ist nach dem Urtheile des kommissarischen Direktors des betreffenden Seminars ein sehr begabter junger Mann und erscheint für sprachliche Studien in hervorragender Weise veranlagt."

Am 12. Juni 1891 legte Emil Krebs die erste juristische Staatsprüfung mit „gut" ab. Als Gerichtsreferendar trat er den Ausbildungsdienst beim „Königlich-preußischen Amtsgericht" im schlesischen Gottesberg an, wo er bis zum 31. Mai 1892 im Bereich des Kündigungsschutzes tätig war.

Zufrieden war er dort offenbar nicht: „In meiner Freizeit breitete ich mein Wissen der orientalischen Sprachen weiter aus. Allerdings fand ich in Gottesberg nicht die Möglichkeit, mein Wissen anzuwenden, weder um dem Bürgermeister zu assistieren noch um als Hilfsbibliothekar zu helfen."

Das Urteil des Amtsgerichts Gottesberg: „Die Ausbildung wird durch das rege Interesse, welches Gerichtsreferendar Krebs der Praxis jederzeit entgegenbrachte, und seinen anerkennungswerthen Fleiß und Eifer, mit welchem er die ihm übertragenen Arbeiten erledigte, wesendlich gefördert. Er besitzt umfassende, auf guter systematischer Grundlage ruhende Gesetzeskenntnisse, eine schnelle und scharfe Auffassung, ein gesundes Urtheil und völlig ausreichende praktische Gewandtheit. Der Erfolg seiner Ausbildung kann daher als ein guter bezeichnet werden."

Von 1879 bis 1899 existierten in Berlin das Landgericht I für den Stadtkreis und das Landgericht II für das Umland. Am 1. Juni 1892 trat Krebs am Landgericht I sein Amt als Untersuchungsrichter

Links Emil Krebs mit Grubenlampe, Gottesberg, 1892

bei der 8. Strafkammer an. Vom 1. Oktober 1892 bis Anfang Mai 1893 war er Haft- und Ermittlungsrichter bei der Zivilkammer des Landgerichts, anschließend bis Juli 1893 bei der Königlichen Staatsanwaltschaft des Landgerichts. Bescheinigt wurde Krebs am 31. Mai 1893, dass er „während dieser Zeit mit Fleiß gearbeitet, Gesetzeskenntnis und Geschäftsgewandtheit bewiesen und seine Ausbildung beim Landgericht mit gutem Erfolg vollendet hat".

Unmittelbar nach der bestandenen ersten juristischen Staatsprüfung hatte Krebs am 16. August 1891 das Auswärtige Amt um Vormerkung für eine spätere Anstellung in China gebeten. Intern vermerkte das Amt, dass vorerst keine Stelle frei ist, seine Zeugnisse jedoch eine spätere Berücksichtigung möglich machen. Er möge daher seine juristische Laufbahn weiter betreiben und sich zusätzlich englische Kenntnisse aneignen, da diese für China erforderlich seien. Offensichtlich hatte er diese bereits vorhandenen Sprachkenntnisse nicht erwähnt. Da das Auswärtige Amt zwischenzeitlich Bedarf für einen Dolmetscher in Konstantinopel hatte, Krebs hierfür vorgesehen sei, solle er sein Examen vorziehen. Nachdem Eduard Sachau, der Direktor des Seminars für Orientalische Sprachen, diesem zugestimmt hatte, bat Referendar Krebs am 11. Juli 1893 das Justizministerium als vorgesetzte Dienststelle um Beurlaubung, „um die Vorbereitungen zu dieser Prüfung mit größerer Aussicht auf einen möglichst günstigen Erfolg betreiben zu können". Die Sorge um ein gutes Ergebnis war nachvollziehbar, da Krebs erst seit Ostern 1892 die türkische Klasse besuchte. Zu dieser Prüfung kam es nicht mehr.

Für Krebs vollkommen überraschend erhielt er nach vorheriger mündlicher Information Ende September 1893 die schriftliche Bestätigung für eine Entsendung nach Peking. Diese Reise jedoch hing, wie sich schnell herausstellte, an einem seidenen Faden. Er benötigte dazu ein Gutachten über seinen Gesundheitszustand, das erst einmal negativ ausfiel. Auf Anraten seines Chinesischlehrers Wilhelm Grube legte er Widerspruch ein. Das neue Attest befürwortete den Einsatz in China.

Da der Gerichtsreferendar Krebs nicht dem Auswärtigen Amt, sondern dem Preußischen Staatsministerium und dort wiederum dem Justizminister Ludwig Hermann von Schelling (1824-1908) unterstand, kam es nun zwischen den Ämtern und Dienstsitzen Wilhelmstraße 74 und Wilhelmstraße 76 zu einem regen Schriftwechsel. Das Justizministerium musste ihn für die Dauer seiner Tätigkeit als Dolmetschereleve in China vom Dienst beurlauben. Diese Beurlaubung wurde jeweils auf zwei Jahre befristet und war dann erneut zu beantragen.

Am 3. Oktober 1893 schrieb Emil Krebs an den Reichskanzler Georg Leo Graf von Caprivi (1831-1899): „Euer Excellenz, Beehre ich mich hierdurch, den Empfang des hohen Erlasses vom 30. September 1893, betreffend meine Überweisung als Dolmetscher-Aspirant an die Kaiserliche Gesandtschaft in Peking, ganz gehorsamst zu bestätigen und gleichzeitig zu berichten, dass ich mit dem am 13. October von London abgehenden Dampfer „Oceana"

Landgericht I Berlin, um 1902
Quelle: Architekturmuseum der Technischen Universität Berlin

der „Peninsular & Oriental Steam Navigation Company", welcher fahrplanmäßig am 27. November in Shanghai eintreffen soll, die Reise nach China antreten werde, und zwar am 22. October von Brindisi aus. Auf dem in diesem Monat von Bremen abgehenden Dampfer des Norddeutsche Lloyd sind nach einer mir Seitens der genannten Gesellschaft gesendeten Mitteilung bereits seit länger als einer Woche Plätze nicht mehr frei. In der Anlage beehre ich mich, Euer Excellenz die zugleich mit dem hohen Erlaß vom 30. September mir übersandte Erklärung vollzogen zu überreichen. Euer Excellenz ganz gehorsamster Emil Krebs, Kammergerichts-Referendar, Sophienstr. 1."

Beigefügt war die geforderte Erklärung: „Hiermit übernehme ich die Verpflichtung, zehn Jahre von meinem Antritt in den Dolmetscher Dienst an mich demselben zu widmen, falls ich aber meine Entlassung auf Antrag oder selbstverschuldet früher erhalten sollte, die für mich aus Reichsmitteln aufgewendeten Gelder zurückzuerstatten." Er erhielt ein Monatsgehalt von 500 Mark,

Auswärtiges Amt Berlin, Wilhelmstraße 76, um 1880
Quelle: Politisches Archiv Auswärtiges Amt

eine freie Wohnung im Gesandtschaftshotel in Peking, 1200 Mark
für die Ausrüstung und einen Reisekostenvorschuss. Aus dieser
Verpflichtung ergab sich ein Aufenthalt von einem Vierteljahrhundert. Bis zur Abfahrt meldete sich der Dolmetscher-Eleve zu
einem Heimaturlaub nach Esdorf ab. Für viele Jahre sollte dies
das letzte Zusammensein mit der Familie werden.

Am 5. Dezember 1893 kam Krebs über Shanghai in der chinesischen Hauptstadt an. Wenige Monate vorher hatte Gustav Adolf
Freiherr Schenck zu Schweinsberg (1843-1909) ab 4. Juli 1893 als
Nachfolger von Maximilian August von Brandt sein Amt als Gesandter in Peking angetreten.

Bearbeitet von Peter Hahn

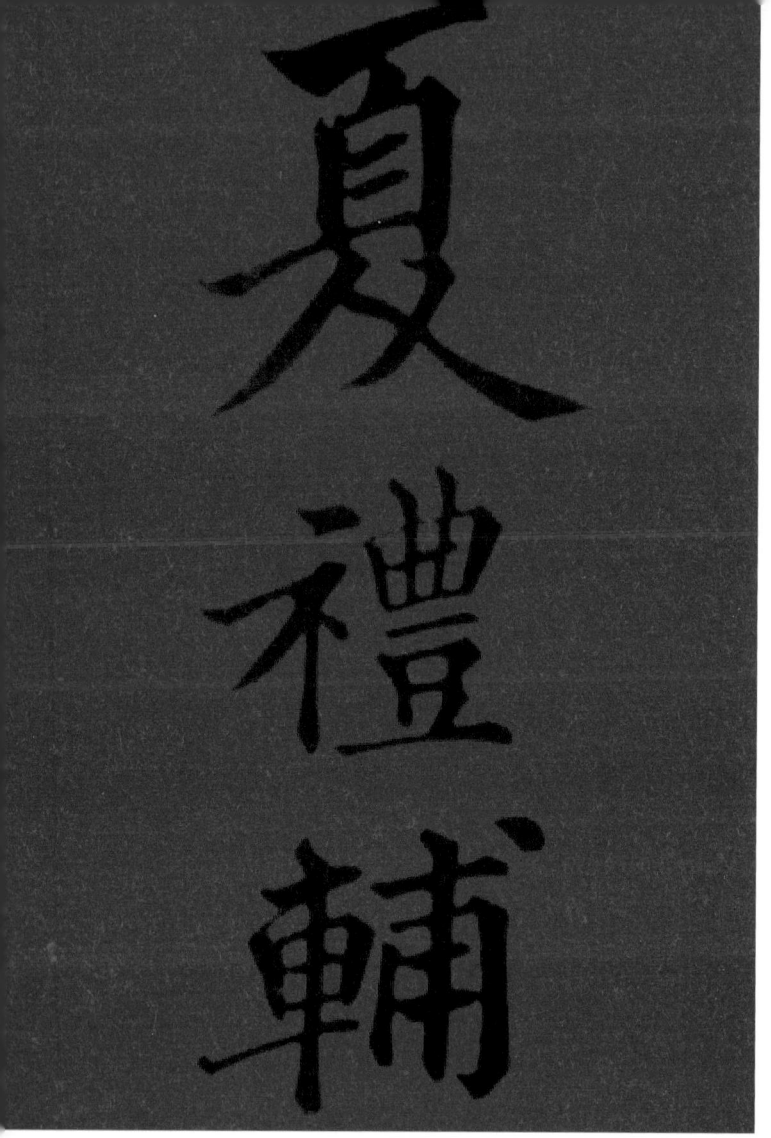

Visitenkarte von Emil Krebs

Ein Viertel Jahrhundert in China
Eckhard Hoffmann

Mit der Ankunft des Kammergerichts-Referendars Emil Krebs am 5. Dezember 1893 standen der Kaiserlichen Gesandtschaft in Peking mindestens drei Sprachkundige zur Verfügung: Freiherr von der Goltz als 1. Dolmetscher, Heinrich Cordes als 2. Dolmetscher und der sechsundzwanzigjährige Dolmetscher-Eleve.

Bedarf musste bestanden haben, denn wenige Tage nach der Ankunft von Krebs überprüfte Goltz bereits dessen Sprachkenntnisse. Das Ergebnis wurde Reichskanzler Georg Leo Graf von Caprivi übermittelt: „Obwohl derselbe bereits im Sommer 1890 seine Diplom-Prüfung beim Orientalischen Seminar bestanden und seitdem Einiges vergessen hat, so sind seine chinesischen Sprachkenntnisse gleichwohl sehr befriedigend und legen Zeugnis ab einerseits von seiner hervorragenden Begabung, andererseits von der Vorzüglichkeit des Unterrichts in der chinesischen Klasse des Orientalischen Seminars zu Berlin. Die Auswahl des Herrn Krebs für den hiesigen Dolmetscher- und konsularischen Dienst wird voraussichtlich als eine sehr glückliche sich erweisen."

Über die weiteren Prüfungen vom 25. Januar 1894 und 1. Februar 1895 wurden der Reichskanzler sowie der Direktor des Seminars ebenfalls informiert: „Seine Kenntnis chinesischer Schriftzeichen ist eine ungewöhnlich gute."

Am 14. August 1896 „hielten wir unsern Einzug in Peking" – wir, das waren der neue deutsche Gesandte Edmund Freiherr von Heyking (1850-1915) und seine Frau Elisabeth (1861-1925), die Enkelin von Bettina und Achim von Arnim.

Was „Seine Majestät" von Heyking erwartete, hielt sie in ihrem 1903 erschienenen Buch „Briefe, die ihn nicht erreichten" unter dem 25. Mai 1896 fest: „Na, Heyking, ich habe Sie für China ausgesucht, Schenk hat uns dort auf gut hessisch in den Dreck geritten, während wir unter Brandt die erste Stellung hatten, das muss wie-

Generalkonsulat Shanghai. Foto: Alfons von Mumm, 1905

der so werden. Sie haben an jedem Posten gezeigt, was Sie konnten, tun Sie es jetzt wieder."

Bereits bei ihrer Ankunft im Hafen von Shanghai hatte das Ehepaar auf dem Panzerschiff „Kaiser" den nach China entsandten
Alfred von Tirpitz (1849-1930) getroffen. „Beim Lunch" hatte die
Frau des Diplomaten mit dem Admiral „lange über die Notwendigkeit" gesprochen, „dass wir Kolonien erwerben". In ihr Tagebuch schrieb sie: Deutschland solle endlich auch einen „Platz
an dem großen chinesischen Trog" erwerben – offensichtlich in
Erinnerung an den Staatssekretär im Auswärtigen Amt Bernhard
von Bülow, der sich am 6. Dezember 1897 im Reichstag zur Kolonialpolitik geäußert hatte: „Wir wollen niemand in den Schatten
stellen, aber wir verlangen auch unseren Platz an der Sonne."

Nach den Erinnerungen von Frau von Heyking traf am 8. Oktober 1896 „Herr von der Goltz, ein neuer Dolmetscher, ein. Er
hat entschieden mehr Auftreten als die bisherigen Dolmetscher
und wird sich wohl nicht von den Chinesen imponieren lassen".
Gemeint waren damit wohl die „etatmäßigen" Dolmetscher,
wohl kaum der für das Auswärtige Amt „preiswertere" Eleve Emil

Deutsche Gesandtschaft Peking. Foto: Alfons von Mumm, 1905

Krebs, dem man (wegen der häufigen Abwesenheit der vorge-setzten Kollegen) kurzerhand kommissarisch die Geschäfte des 2. Dolmetschers übertragen hatte. Zumindest seine sprachlichen Fähigkeiten fanden damit nach 2 ½ Jahren Aufenthalt bereits An-erkennung.

Als für den Gesandten am 12. Oktober 1896 „endlich Audienz beim Kaiser von China" anberaumt war, „wurden Edmund, Kon-teradmiral Curt von Prittwitz und Gaffron, Militär-Attaché Kurt Otto Werner von Grünau, Goltz und Krebs in großer Uniform in sechs grünen Sänften in die Kaiserstadt getragen".

Am 10. Oktober 1897 waren Emil Krebs und die Heykings „in die Kiautschou-Bucht eingelaufen. Wir ruderten gleich an Land und machten mit Kapitän Thiele einen Explorationsgang nach dem höchsten Hügel. Die Fortkommandanten hatten Kapitän Thiele gleich an Bord besucht, und Krebs mit ein paar jüngeren Offizieren ging dann, die Visite zu erwidern. Es war ein sehr inter-essanter Tag, und die Marineherren meinten, aus der Kiautschou-Bucht würde sich doch viel machen lassen". Nach der Ermordung der deutschen Missionare Richard Henle (1865-1897) und Franz

Die Bucht von Kiautschou, um 1904. Foto: Bundesarchiv

Xaver Nies (1859-1897) am 1. November 1897 in der Provinz Schantung, ließ Kaiser Wilhelm II. mitteilen, dass er „nicht mit sich spaßen lässt und es übel ist, denselben zum Feind zu haben".

Am 7. November 1897 ging ein Telegramm von Reichskanzler Chlodwig Fürst zu Hohenlohe-Schillingsfürst (1819-1901) ein. „Krebs und ich dechiffrierten es sogleich oben auf der Campagne, am Boden hockend", schrieb Elisabeth von Heyking in ihr Tagebuch. „Edmund solle scharfe Genugtuungsforderungen stellen." In Berlin wurde offensichtlich „beabsichtigt, Vorfall womöglich zur Besetzung von Kiautschou oder anderem Platz auszunutzen".

Das Marinegeschwader mit den Kreuzern „Kaiser", „Prinzess" und „Cormoran" machte sich am 10. November 1897 auf die Fahrt nach Kiautschou – an Bord Dolmetscher Emil Krebs, der vom Auswärtigen Amt freigestellt und dem Reichsmarineamt zugeordnet wurde. Krebs, so Frau von Heyking, „der mit nach Kiautschou gegangen ist, fehlt sehr". Die deutsche Marine besetzte am 14. November 1897 Stadt und Hafen von Tsingtau. Konteradmiral Otto von Diederichs (1843-1918) machte dem Befehlshaber

Tsingtau, 1902. Quelle: Deutsches Schifffahrtsmuseum Bremerhaven

der dort stationierten chinesischen Einheit bekannt, dass „ich auf Allerhöchsten Befehl seiner Majestät des deutschen Kaisers die Kiautschou-Bucht und die vorliegenden Inseln besetzt habe". Emil Krebs, der nur wenige Wochen nach seinem ersten Aufenthalt im Oktober wieder General Zhang Gaoyuan gegenüberstand, machte ihm deutlich, dass es sich um eine Besetzung handele. Innerhalb weniger Stunden musste die Einheit das Gebiet verlassen – ihre Waffen durfte sie mitnehmen.

Die Angelegenheit wurde von Krebs offensichtlich äußerst sensibel behandelt, da sich Zhang Gaoyuan für dessen Hilfe bei der „Abreise" schriftlich bedankte. Hierdurch sei der Abmarsch der Truppen reibungslos verlaufen. „Dass Präfekt Di aus Freundschaft mit Herrn Krebs mir geholfen hat, lobe ich den feinen Charakter von Herrn Krebs."

Von nun an wurde Kiautschou vom Reichsmarineamt verwaltet. In den Akten des Bundesarchivs heißt es dazu: „Schon kurz nach der Landung des deutschen Kreuzergeschwaders und noch vor dem Abschluss des Pachtvertrages begann der Aufbau einer

Besetzung der Bucht von Kiautschou, 1897. Gemälde von Willy Stöwer. Quelle: Stadt- und Schifffahrtsmuseum Kiel

deutschen Verwaltung. An der Spitze der zivilen wie militärischen Verwaltung stand ein Marineoffizier als Gouverneur." Das waren Admiral Oskar von Truppel (1897/98), Konteradmiral Carl Rosendahl (1898/99), Kapitän zur See Paul Jaeschke (1899/1901), Admiral Oskar von Truppel (1901/1911), Vizeadmiral Alfred Meyer-Waldeck (1911/1914) – bis zur Besetzung von Kiautschou durch Japan am 7. November 1914.

Am 20. November 1897 starteten in Peking deutsch-chinesische Verhandlungen. Ziel des Gesandten Edmund Freiherr von Heyking war der zügige Abschluss eines Pachtvertrages über Kiautschou. Als Dolmetscher fungierte der vom Konsulat Shanghai herbeigerufene Otto Franke (1863–1946), der dann von 1923 bis 1931 an der Friedrich-Wilhelms-Universität zu Berlin als Professor für Sinologie tätig war. Dazu Elisabeth von Heyking im Januar 1898 in einem Brief an Krebs: „Mein Mann hat oft Sie und Goltz sich hergewünscht, mit denen er sich während des ersten Jahres so ganz eingelebt hatte. Die Verhandlungen hier hätten Ihnen gewiss Spaß gemacht."

Am 6. März 1898 pachtete das Deutsche Reich die Bucht für

Bucht von Kiautschou. Frachtschiffe in der Fahrrinne zum Handels-
hafen von Tsingtau, um 1912. Foto: Bundesarchiv

99 Jahre von der chinesischen Regierung – mit Oberhoheit über
das Pachtgebiet. Gouverneur Oskar von Truppel (1854-1931) er-
läuterte der Bevölkerung die Bestimmungen des Pachtvertrages:
„Der Kaiser des deutschen Reiches und der Kaiser Chinas haben einen Friedensvertrag miteinander geschlossen und damit
die freundschaftlichen Beziehungen wieder hergestellt. Im Zuge
dessen hat sich der chinesische Kaiser bereit erklärt, ein Stück
Land des chinesischen Territoriums an Deutschland zu verpachten, wobei die genauen Grenzen noch festzulegen sind. An den
verschiedenen Stütz- und Kontrollpunkten soll der Alltag wieder
einkehren und der Frieden nicht mehr gestört werden. Daher sei
noch einmal gesagt, dass alle Anweisungen einzuhalten und die
öffentliche Ordnung zu wahren sind.“

Kiautschou mit einer Fläche von rund 550 Quadratkilometern
wurde am 27. April 1898 zum deutschen Schutzgebiet erklärt und
dem Reichsmarineamt unterstellt, das dort den Ausbau einer
„Musterkolonie“ des Deutschen Reiches mit Tsingtau als Hauptstadt plante. Emil Krebs wurde Vorstand der chinesischen Kanzlei
und Bezirksamtmann. Dazu gehörten die Korrespondenz mit den

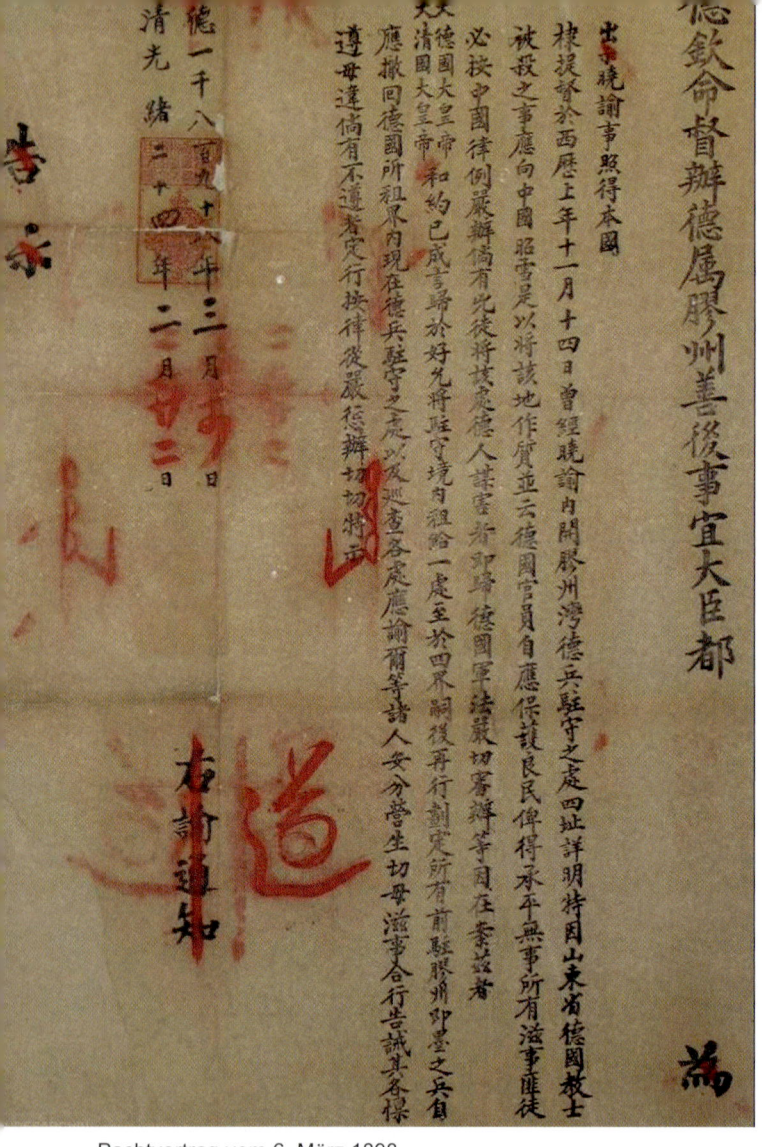

Pachtvertrag vom 6. März 1898
Quelle: Politisches Archiv Auswärtiges Amt

chinesischen Provinzialbeamten, die Bearbeitung der Proklamationen und Bekanntmachungen, die Beurteilung der chinesischen Presseberichte sowie die Prüfung von Bittschriften der im
Pachtgebiet ansässigen Einwohner.

Er fühlte sich ausgenutzt, unterbezahlt und um die Möglichkeit
eines Aufstiegs gebracht. Dazu kam wohl sein gespanntes Verhältnis mit dem seit Dezember 1897 zum Chef der Zivilverwaltung
und Chinesenkommissar ernannten Dolmetscher des Auswärtigen Amtes Wilhelm Schrameier (1859-1926).

Krebs wollte zurück an die Gesandtschaft in Peking. Nach einem umfangreichen und ergebnislosen Schriftwechsel zwischen
Auswärtigem Amt, Reichsmarineamt und dem Pekinger Gesandten von Heyking ergriff er mit einem Schreiben an Reichskanzler Hohenlohe-Schillingsfürst die Initiative: „Ich fühle mich in
mehrfacher Richtung beschwert. Einerseits ist es im Bereiche des
Auswärtigen Amtes zweifellos, dass Dolmetscher in gleicher Linie
mit den höheren Konsulatsbeamten rangieren, und es ist damit
die Möglichkeit ausgeschlossen, auf gleiche Stufe mit sogenannten Subalternbeamten gestellt zu werden, wie dies hier der Fall
und um so kränkender ist, als die Dolmetscher eine akademische
juristische Karriere hinter sich haben." Er bittet daher um „eine
Rücküberweisung an das Auswärtige Amt mit möglichster Be-
schleunigung."

Unterstützt wurde das Ansinnen dann von dem 1899 berufenen
Gesandten Clemens Freiherr von Ketteler. Er schrieb am 20. April
1900 an den Reichskanzler: „Nach verschiedenen Andeutungen,
welche sowohl aus kaufmännischen Kreisen, wie Seitens einiger
mit den Verhältnissen in Tsingtau persönlich bekannter Beamter,
an mich gelangt sind, und um deren ganz vertrauliche Behandlung ich bitten darf, glaube ich den wirklichen Grund zu dem
Entschluss des Dolmetschers Krebs in dessen dienstlichen Beziehungen zu dem Zivilkommissar für chinesische Angelegenheiten,
Dr. Schrameier, suchen zu sollen, dessen Auftreten den übrigen
Zivilbeamten gegenüber bereits andere tüchtige und schaffens-

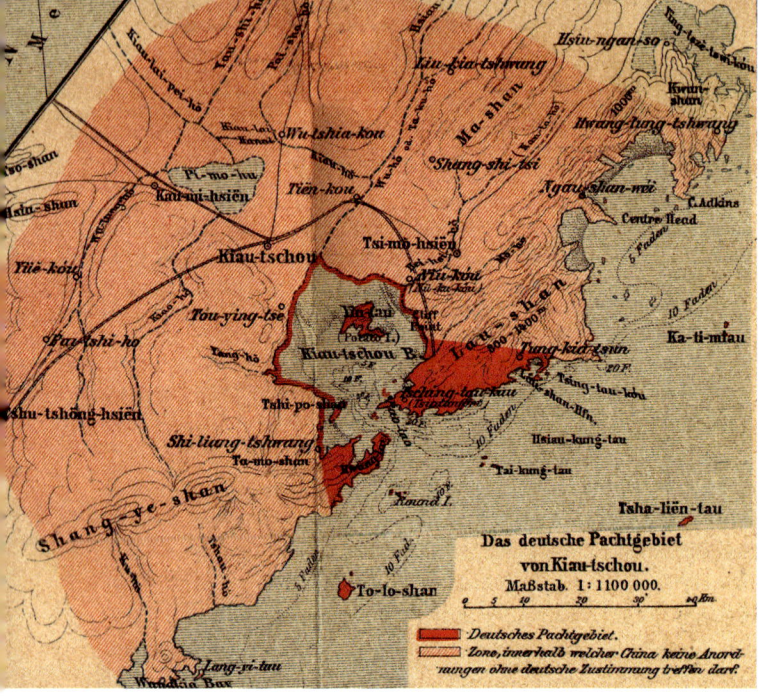

Das deutsche Pachtgebiet von Kiautschou, 1898

frohe Angestellte des Gouvernements zur Aufgabe ihrer Stellung in Tsingtau bewogen hat."

Inzwischen hatte der Boxeraufstand, die „Bewegung der Verbände für Gerechtigkeit und Harmonie", das Gesandtschaftsviertel von Peking erreicht. Am 20. Juni 1900 wurde Ketteler ermordet. Da sein Dolmetscher Heinrich Cordes bei diesem Zwischenfall angeschossen wurde, Freiherr von der Goltz auf Heimaturlaub und Emil Krebs in Tsingtau war, befand sich kein adäquater Dolmetscher in der Gesandtschaft. Der zum Nachfolger von Ketteler bestellte Gesandte Alfons Freiherr Mumm von Schwarzenstein, dem offensichtlich die Krebsschen Sprachkenntnisse bekannt waren, forderte daher seine Rückkehr nach Peking.

Das Reichsmarineamt und das Gouvernement Kiautschou versuchten mehrmals, dies zu verhindern. Die Abberufung „des Dolmetschers Krebs würde für das Schutzgebiet nicht nur eine große Beeinträchtigung des Dienstes mit sich bringen, sondern geradezu eine ernste Störung des regelmäßigen Geschäftsbetriebes bewirken, die sich unter den obwaltenden kritischen Verhältnissen besonders fühlbar machen wird. Außerdem ist Ersatz für den gen. Krebs nicht vorhanden".

Da das Auswärtige Amt nach wie vor auf Rückkehr bestand, wurde noch einmal auf seine Tätigkeiten als Vorstand der chinesischen Kanzlei und als Bezirksamtmann hingewiesen: „Wird schon für die erste Arbeit eine vollständige Beherrschung der chinesischen Sprache verlangt, so setzt die zweite eine intime Kenntnis mit chinesischen Sitten und Anschauungen voraus, da der Bezirksamtmann den chinesischen Richter, dessen Zulassung wegen des allgemein bekannten chinesischen Charakters nicht wünschenswert erscheint, ersetzen soll." Gouverneur Paul Jaeschke schließt mit den Worten: „Falls Herr Krebs dem Gouvernement genommen werden würde, würde ich in einem solchen Falle nicht nur ohne Berather für chinesische Angelegenheiten gelassen sein, sondern überhaupt die Arbeit des chinesischen Theils der Verwaltung vollkommen ruhen."

Als Alfons von Mumm Ende August 1900 in Shanghai ankam, war Krebs immer noch in Tsingtau. Erst nach der am 4. Oktober 1900 erfolgten Beschwerde Mumms beim Reichskanzler Fürst zu Hohenlohe-Schillingsfürst, „er habe wochenlang ohne dem ihm zugesagten Dolmetscher Krebs auskommen müssen", kehrte Emil Krebs am 25. Oktober 1900 nach dreijähriger Tätigkeit im Pachtgebiet Kiautschou an die Kaiserliche Gesandtschaft in Peking zurück – als 2. Dolmetscher. Ein gutes halbes Jahr später erfolgte am 1. August 1901 durch den neuen Reichskanzler Bernhard Fürst von Bülow (1849-1929) die Ernennung zum 1. Dolmetscher

Deutsche Gesandtschaft Peking, Empfangsraum
Foto: Alfons von Mumm, 1905

(„Secrétaire interprète"). Sein Jahresgehalt stieg von 6.000 Mark auf 15.000 Mark. Er erhielt eine freie Dienstwohnung im Gesandtschaftsbereich.

Wenige Tage vor der Rückkehr von Krebs war am 25. September 1900 der von den Verbündeten zum Oberbefehlshaber des multinationalen Truppenkontingents ernannte Alfred Heinrich Karl Ludwig Graf von Waldersee (1832-1904) eingetroffen. Da die Boxer inzwischen vertrieben und in Peking wieder Ruhe eingekehrt war, übernahm er im Geist der „Hunnenrede" von Kaiser Wilhelm II. die Rolle des brutalen Besatzungsoffiziers. Zwischen dem Gesandten Alfons Freiherr Mumm von Schwarzenstein und dem „Weltmarschall" Alfred von Waldersee gab es hinsichtlich der Lagebeurteilung und des Vorgehens selten Übereinstimmung. Die Verhandlungen nach dem Boxeraufstand begannen Ende des Jahres 1900. Am 7. September 1901 wurde in gemeinsamer Sitzung das Schlussprotokoll von den chinesischen Bevollmäch-

Deutsche Gesandtschaft Peking, Eingang zum Ministerhaus
Foto: Alfons von Mumm, 1905

tigten Lien-fang, Lihungchang sowie Prinz Tsching und den Bevollmächtigten von Belgien, England, Frankreich, Italien, Japan, Niederlande, Österreich, Russland, Spanien, den Vereinigten Staaten von Amerika und dem Gesandten Alfons Freiherr Mumm von Schwarzenstein für Deutschland unterzeichnet.

Neben Reparationen und der Forderung nach einem Denkmal für Ketteler sollte das Gesandtschaftsviertel in Peking ausschließlich für Ausländer reserviert und der Kotau für Diplomaten abgeschafft werden. Deutschland verlangte obendrein eine besondere Demütigung: Der erst achtzehnjährige Prinz Chun II. (1883-1951) musste sich als Vertreter des Kaiserhauses unter entwürdigenden Bedingungen am 4. September 1901 im Neuen Palais zu Potsdam-Sanssouci bei Kaiser Wilhelm II. entschuldigen. Aus Privatbriefen von Mumm kann seine Überzeugung herausgelesen werden: „Man habe das Falsche verlangt und erhalten."

Auch Krebs, dessen Funktion als Dolmetscher und Übersetzer

Deutsche Gesandtschaft Peking, Sitzung des diplomatischen Corps
Fünfter von links Gesandter Mumm, Vierter von rechts Emil Krebs
Foto: Alfons von Mumm, 1905

es nicht gestattete, einen Kommentar zu dieser Vereinbarung ab-
zugeben, äußerte sich dazu erst im Juli 1920: „Die nunmehr etwa
achtzigjährige Geschichte der näheren Beziehungen Chinas zu
den europäischen Staaten stellt eine ununterbrochene Kette von
Vergewaltigungen der territorialen und souveränen Rechte Chinas auf politischem, wirtschaftlichem und kulturellem Gebiet dar.
Der wohl letzte Versuch Chinas in dem sogenannten Boxeraufstand im Jahr 1900, sich der Todesschlinge der verhassten Barbaren zu entziehen und seine Jahrtausende alte, fast nur durch
innere Kämpfe beeinflusste Abgeschiedenheit als ‚Reich der Mitte' unter dem ‚Sohn des Himmels' wiederherzustellen, erscheint
daher dem gerechten Beurteiler zum mindesten verständlich."

Für seine Verdienste bei der Besetzung Tsingtaus hatte Krebs
bereits den „Preußischen Kronenorden" erhalten. Vom chinesischen Kaiserhof erhielt er nach dem Abschluss des Boxerproto-
kolls den „Orden des Doppelten Drachen". Im Jahr 1904, nach der
Reisebegleitung von Prinz Adalbert von Preußen durch China,
folgte der „Rote Adler Orden".

Nachdem Krebs 1908 auf eine Ernennung zum Konsul verzich-

Unterzeichnung des Boxer-Protokolls am 7. September 1901 in der Deutschen Gesandtschaft Peking. Lithographie von Ernst Heilemann, 1903. Quelle: Historisches Museum Frankfurt am Main

tete, erklärte das Auswärtige Amt am 8. Februar 1909: „Es ist nicht angängig, dem ersten Gesandtschaftsdragoman Krebs, der sich dem Konsulatsexamen nicht unterziehen und somit auf die Ernennung zum Konsul verzichten will, im Falle seines Verbleibens in der gegenwärtigen Stellung ein persönliches, pensionsberechtigtes Gehalt zu gewähren, das dem der Konsuln entspricht, sofern man bereit ist, seine Dienstleistung anzuerkennen."

Krebs hatte sich für die Sprache und gegen den diplomatischen Dienst entschieden. Kurz danach verlieh ihm Kaiser Wilhelm II. am 24. April 1908 den Rang eines Rates 4. Klasse. Während seines dritten Heimaturlaubs vom 17. Oktober 1911 bis 11. Mai 1912 erfolgte im Neuen Palais in Potsdam-Sanssouci am 15. Februar 1912 die Krönung seiner Laufbahn: „Wir Wilhelm von Gottes Gnaden Deutscher Kaiser, König von Preußen, etc. thun kund und fügen hiermit zu wissen, dass Wir Allergnädigst geruht haben, den ersten Dolmetscher bei der Gesandtschaft in Peking, Secrétaire interprète Karl Gottlob Emil Krebs den Charakter als Legationsrat zu verleihen. Es ist dies in dem Vertrauen geschehen, dass der nunmehrige Legationsrat Krebs Uns und Unserem Königlichen

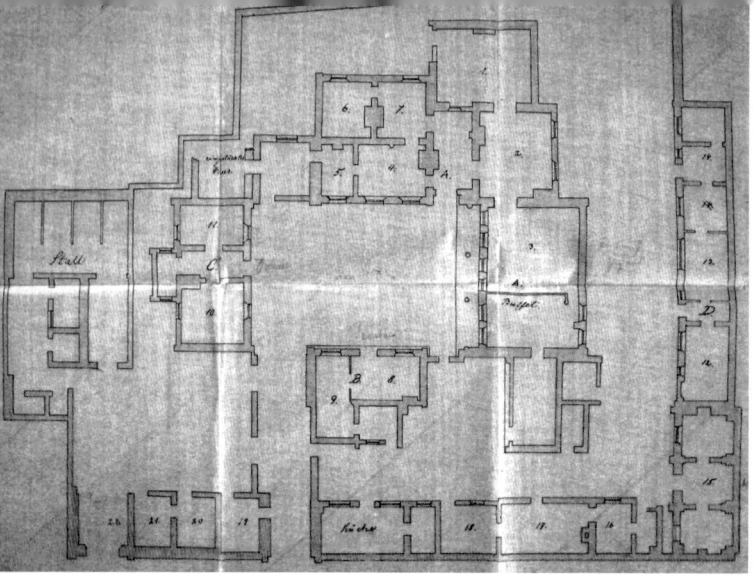

Grundplan der Deutschen Gesandtschaft Peking. A Hauptgebäude, C Dolmetscherwohnung. Quelle: Politisches Archiv Auswärtiges Amt

Hause in unverbrüchlicher Treue ergeben bleiben und seine Amtspflichten mit stets regem Eifer zu erfüllen fortfahren werde, wogegen derselbe sich Unseres Schutzes bei den mit seinem gegenwärtigen Charakter verbundenen Rechten zu erfreuen haben soll. Urkundlich haben Wir dieses Patent Allerhöchst selbst vollzogen und mit Unserem Kaiserlichen Insiegel versehen lassen."

Da die Unstimmigkeiten mit Schrameier überwunden waren, traf Krebs während des Urlaubs in dessen Wohnung in Berlin-Halensee zum zweiten Mal auf Amande Heyne geborene Glasewald. Sie hatte mit ihrem Mann Adolf Heyne, sowie den Töchtern Charlotte-Luise (1900-1985) und Irmgard (1903-1991) in Tsingtau gelebt. Kapitänleutnant Heyne war dort 1905/06 Leiter der Meteorologisch-Astronomischen Station. Die Ehe wurde 1906 geschieden. Von der ersten Begegnung während seines Heimaturlaubs vom

Deutsche Gesandtschaft Peking, um 1914
Quelle: Bundesarchiv

22. Juni 1907 bis zum 9. Mai 1908 berichtete Frau Heynes Schwester Toni Deneke: „Neben uns saß ein Herr mit Spitzbart und einem klugen, aber verschlossenen Gesicht. ‚Gelehrtes Huhn, spricht 45 Sprachen‘, tuschelt uns meine Schwester zu. Mein witziger Mann pflegte später von diesem Abend zu berichten: ‚Ein interessanter Abend. Ein gelährter Herr, der sich in 45 Sprachen ausschwieg.‘ Damals ahnte ich noch nicht, dass sechs Jahre später dieser mysteriöse Fremde mein Schwager werden würde."

Amande Krebs auf dem Gelände der Pekinger Gesandtschaft, 1915

Emil Krebs im Pekinger Gesandtschaftsgarten, 1914

Der Pass von Nankou. Foto: Alfons von Mumm, 1905

Während seines dritten Urlaubs machte Krebs Amande Heyne einen Heiratsantrag. Er verlängerte den Urlaub und wartete auf Antwort. „Ihr Zögern kostet mich pro Tag 65 Mark. Jeder überschrittene Tag wird vom Gehalt abgezogen." Er reiste ab. In Peking erhielt er das schriftliche Ja-Wort. Mitte Januar 1913 fuhr Frau Heyne mit dem Zug über Sibirien nach China. Zwei Monate später kamen ihre Mädchen mit der Kinderfrau nach. Die Trauung vollzog Generalkonsul von Buri am 5. Februar 1913 in Shanghai. Zwei Tage später begab sich das Paar auf die Hochzeitsreise mit den Stationen Hongkong, Macao, Canton, Sikiang, Wutchan, Nanking, Yentschoufu, Kufu, Taianfu, Tsinanfu und Tientsin.

Krebs, „immer hilflos wie ein Kind", so Frau Amande, nahm daher auf dieser Reise gerne die Hilfe der Konsulate in Anspruch. Da diese „vorgewarnt" waren, blieb es nicht aus, dass er dann „irgendwelche Japaner begrüßen musste. Nun habe ich zwar wieder

Jehol. Foto: Alfons von Mumm, 1905

gar nicht viel von meinem Manne, weil er ewige Reden hält. Der Mann müsste wirklich Professor sein." Auch während dieser Reise wollte und konnte er auf seine geliebten Sprachen nicht verzichten. Er befasste sich mit Portugiesisch.

Höhepunkte waren für beide zweifellos die Besuche des Konfuzius-Grabes in Kufu und die „Besteigung" des heiligen Berges bei Taianfu – allerdings mit Hilfe von Trägern, die das Ehepaar auf Stühlen über 5000 Stufen zum Gipfel getragen hatten. Am 23. März 1913 wurden sie in Peking durch das Gesandtschaftspersonal und die chinesischen Bediensteten begrüßt. Frau Krebs war von der Unterkunft in der Gesandtschaft nicht begeistert, ein großes Haus, jedoch hatte ihr Mann keinen Wert auf das Wohnliche gelegt.

Über das Zusammenleben dieser beiden Menschen haben sich eigentlich nur Überlieferungen aus der Verwandtschaft und Anekdoten erhalten. Ein Familienleben im traditionellen Sinn gab es

Deutsche Gesandtschaft Peking, 1902. Empfang von Prinz Chun
(Vierter von links), Mitte Gesandter Mumm, rechts außen Emil Krebs

wohl kaum. Der Tagesablauf war streng geordnet. Es wurden re-
gelrechte Gesprächstermine vereinbart. Dazwischen verbrachte
Krebs seine Freizeit mit dem Studieren von Sprachen. Nur so ist es
vielleicht zu erklären, dass er ihr zum Geburtstag als Geschenk ein
persisches Gedicht vortrug – allerdings in lateinischer Übersetzung. Für sie leider unverständlich. Krebs liebte seine Frau. Aus
ihren Briefen geht hervor, dass „er anlehnungsbedürftig war und
mit großer Liebe und Zärtlichkeit an mir hing". Auch hat er sich
sehr um die von seiner Frau mit in die Ehe gebrachten Töchter
gekümmert, mit ihnen gespielt und vor allen Dingen Mathematik
geübt. Oft genug aber passierte es, dass sie allein mit den Kindern
in den Urlaub ans Gelbe Meer fahren musste, weil er wieder einmal eine Büchersendung erhalten hatte, die er unbedingt studieren wollte.

Dann waren da noch die Begegnungen mit der Kaiserinwitwe
Cixi (1835-1908) etwa ab Frühjahr 1902. Sowohl der Gesandte
Alfons Freiherr Mumm von Schwarzenstein als auch Emil Krebs
nehmen für sich in Anspruch, dass die Einladungen „in die Verbo-

Deutsche Gesandtschaft Peking am 17. Mai 1904. Empfang von
Prinz Adalbert von Preußen (Zweiter von rechts), Mitte Gesandter
Mumm, Dritter von links Emil Krebs

tene Stadt mit einer Art Billetdoux" eingingen und „außerhalb des
Protokolls stattfanden". Die im Zusammenhang mit Krebs oft zitierte Toni Deneke (1883-1970), die Schwester von Amande Krebs,
schilderte diese Zusammenkünfte: „Sie liebte es, mit Krebs zu
plaudern. Von Zeit zu Zeit sandte sie einen Palankin mit Gefolge
und ließ ihn zum Tee holen. Sie, eine Frau mit einer besonders ge-
pflegten Sprache, unterhielt sich mit besonderer Vorliebe gerade
mit ihm, als dem sorgfältigsten und besten Sprecher des Chinesischen unter den Ausländern. Dann saß sie in einem schwarz-
geschnitzten, breiten Sessel mit wunderbar schillernden Seiden-
kissen; sie selbst in gelber Seide, märchenhaft gestickt. Rechts und
links Pyramiden von frischen Äpfeln, ihr Lieblingsparfüm. Das
Porzellan ihrer henkellosen Tasse war so dünn, dass man ihre mit
kostbaren Hülsen geschützten Fingerspitzen durchschimmern
sah. Den Tee schenkte man, den Fremden zu ehren, aus einer ab-
scheulichen blauen Emaillekanne, einem Küchengerät."

Toni Deneke tat sich als Schriftstellerin mit einigen „Goethe-
Geschichten" hervor. Im Gustav Kiepenheuer Verlag Weimar

Strauchpäonien, Kaiserin Witwe Cixi, 1905

erschienen zwischen 1953 und 1958 „Das Testament. Menschen-
schicksale um das Haus am Frauenplan", „Das Fräulein Göchhau-
sen" und „Das offene Tor. Goethe in Strassburg". Ihr Manuskript
„Das Sprachenwunder. In Memoriam Emil Krebs" entstand allerdings erst im Jahr 1967.

Zu den Fakten gehört, dass der Gesandte Alfons Freiherr
Mumm von Schwarzenstein häufig von der Kaiserinwitwe empfangen wurde. Zu seinem Abschied im Jahre 1905 schenkte sie
ihm eine von ihr mit Strauchpäonien bemalte seidene Hängerolle,
die sich heute im Frankfurter Museum für Kunsthandwerk befindet. Da Mumm die chinesische Sprache nicht beherrschte, war er
auf Helfer angewiesen. Während sich bei offiziellen Anlässen der
Gesandtschaft der Hinweis auf die Anwesenheit der Dolmetscher
Freiherr von der Goltz und Heinrich Cordes findet, schwieg sich
Mumm auch in seinen privaten Aufzeichnungen über seine Be-
gleitung aus.

Die persönlichen Besuche von Emil Krebs im Kaiserhaus werden durch noch in der Familie vorhandene Aufmerksamkeiten
der Kaiserin, aber vor allem durch die aus solchen Anlässen als
Geschenk überlassenen kostbaren Schriften und Büchern belegt.
Diese befinden sich heute im Raritätenkabinett der Nationalbibli-
othek der Vereinigten Staaten von Amerika.

Im Jahr 1914 bekam Erich von Salzmann die Möglichkeit, für die
Zeitschrift „Die Woche" zu berichten: „Sehr wichtige Mitglieder
des Stabs unserer Gesandtschaft sind infolge der Eigenartigkeit
der Verhältnisse des fernen Ostens und der Forderung, wirkliche
Kenner von Land und Leuten und besonders der komplizierten
Sprache zu haben, die Dolmetscher-Sekretäre. Der erste dieser
Herren ist der Legationsrat Krebs, eine heute wohl in der Welt
der Linguisten über alle fünf Erdteile seiner außerordentlichen
Kenntnisse wegen bekannte Persönlichkeit."

Erstaunlich ist, dass Diplomaten in ihren Erinnerungen später
kaum ein Wort über ihre Dolmetscher verlieren. Ohne diese aber
ging es gerade in China nicht. Aufschlussreich ist ein Brief des

Emil Krebs, um 1900

Emil Krebs in seinem Arbeitszimmer in Peking, 1904

damaligen Gesandtschaftssekretärs Gustav (Krupp) von Bohlen und Halbach (1870-1950) vom 23. Februar 1902 an seine Mutter: „Und da ich kein Wort chinesisch sprechen kann – ich schwor mir, nicht eines zu lernen, damit ich nicht den Ruf bekommen kann, dass ich Chinesisch spreche und dann womöglich und letztlich ganz hier draußen bleiben muss – so geht die Konversation nur mit einem Dolmetscher, und das ist mühsame Arbeit." Welche Bedeutung diesen „Kurieren des Geistes" zugemessen wurde, macht eine Stellungnahme des Auswärtigen Amtes vom 19. Mai 1922 gegenüber dem Reichsfinanzministerium deutlich: „Die Botschaft in Konstantinopel gehörte, insbesondere während des Krieges und wegen der starken Interessen, die Deutschland mit der Türkei verbanden, zu den wichtigsten diplomatischen Vertretungen. Da der Botschafter und der Botschaftsrat der türkischen Sprache nicht mächtig waren, so vollzog sich der amtliche Verkehr zwischen der Botschaft und den türkischen Behörden ausschließlich

Abhandlungen
der Königlich Bayerischen Akademie der Wissenschaften
Philosophisch - philologische und historische Klasse
XXVIII. Band, 1. Abhandlung

Chinesische Schattenspiele

Übersetzt
von
Wilhelm Grube

Auf Grund des Nachlasses durchgesehen und abgeschlossen
von
Emil Krebs

Herausgegeben und eingeleitet
von
Berthold Laufer

Vorgelegt am 8. Juni 1912

München 1915
Verlag der Königlich Bayerischen Akademie der Wissenschaften
in Kommission des G. Franz'schen Verlags (J. Roth)

durch den Ersten Botschaftsdragoman. Dieser war für die richtige und zweckmäßige Durchführung der Anordnung des Botschafters oder seines Vertreters verantwortlich und genoss daher in erhöhtem Maße das Vertrauen dieser Beamten. Ebenso liegen die Verhältnisse bei dem früheren Ersten Dolmetscher in Peking. Da die chinesischen Diplomaten bisher nur in den seltensten Fällen eine andere als die Landessprache verstanden, gewann die Stellung des Ersten Dolmetschers in Peking eine ähnliche Bedeutung als diejenige in Konstantinopel. Sie kam auch äußerlich schon darin zum Ausdruck, dass der Erste Dolmetscher in Peking infolge seines Verkehrs mit einheimischen Kreisen verhältnismäßig größere Repräsentationspflichten zu erfüllen hatte als der Vertreter des Gesandten, der Erste Legationssekretär, mit dem er im Gehalte in derselben Gehaltsklasse stand. Dem gemäß war auch die dem Ersten Dolmetscher in Peking durch den Haushalt bewilligte Ortszulage erheblich höher als die des Ersten Legationssekretärs."

Nachdem der Ostasienforscher Berthold Laufer (1874-1934) im Jahre 1901 von einer Schattenspielertruppe in Peking eine handschriftlich aufgezeichnete Sammlung chinesischer Schattenspieltexte samt deren aus etwa tausend Figuren bestehenden Apparat für das American Museum in New York erworben hatte, bat er den Sinologen Wilhelm Grube (1855-1908) um die Übersetzung. Nach Grubes Tod erbot sich sein ehemaliger Schüler am Seminar für Orientalische Sprachen, das unvollendete Werk abzuschließen.

Im Vorwort der 1915 erschienenen Publikation „Chinesische Schattenspiele" würdigt Laufer die Arbeit von Emil Krebs: „Seine Mitarbeiterschaft ist der Sache in hohem Grade zugute gekommen, da die Texte in der Pekinger Volkssprache abgefasst sind, die er mit voller Meisterschaft beherrscht. Zahlreiche Anspielungen auf örtliche Verhältnisse haben in ihm den rechten Interpreten gefunden; in schwierigen Fällen konnte er auch den Rat von Pekinger Schattenspielern einholen. Insbesondere erstreckt sich die Arbeit des Herrn Krebs nach drei Seiten hin. Er hat vor allem eine Anzahl (im ganzen 23, dazu die Solos) von

Mitarbeiter der Deutschen Gesandtschaft Peking, 1914. Mitte Gesandter Elmershaus von Haxthausen, dahinter Emil Krebs

Grube nicht übersetzter Stücke selbstständig und mit großem
Geschick übertragen. Er hat sodann unvollendete Übersetzungen Grubes abgeschlossen, die bereits fertigen Übersetzungen
einer gründlichen Durchsicht unterzogen, dieselben mit der
Urschrift verglichen und Verbesserungen sowie Erläuterun-
gen hinzugefügt. Er hat ferner die chinesischen Texte nachge-
prüft, die noch nicht abgeschriebenen kritisch bearbeitet und
den gesamten Textstoff in druckfertigen Zustand gebracht. Auf
Veranlassung von Frau Professor Grube sind die chinesischen
Texte in der Druckerei der Katholischen Mission in Yen Chou,
Schantung, unter Leitung des Herrn Krebs gedruckt worden."

In dieser Zeit, so Amande Krebs, „hatten wir abends im Garten
Schattenspiele veranstaltet. Dafür wurde auf der Veranda eine
Bühne aufgebaut und von 9 bis ½ 2 Uhr unter allerliebster Mu-
sikbegleitung und Gesang die vor Jahrhunderten entstandenen
Schattenspiele aufgeführt. 10 Leute wirkten da hinter der Büh-
ne und bereiteten uns einen höchst interessanten, eigenartigen
Abend. Krebs und die Dolmetscher-Eleven erklärten so viel, dass
wir dem Gange der Handlung folgen konnten". Es darf davon aus-

gegangen werden, dass Krebs kein üblicher Dolmetscher war. Auf Grund seiner Sprachkenntnisse, seines Wissens um kulturelle und geschichtliche Hintergründe sowie seiner Bekanntheit bei chinesischen Regierungskreisen dürfte er Gespräche und Verhandlungen diskret beeinflusst haben.

„Wer lange in China gelebt hat, gerade also auch der Sinologe, ist entweder vom Lande bis zur Selbstaufgabe eingenommen oder lehnt alles Chinesische schroff und meist nicht ohne Überheblichkeit ab." Werner Otto von Hentig (1886-1984), der 1911 als Attaché nach Peking entsandt wurde, und fünfzig Jahre danach „Mein Leben – Eine Dienstreise" veröffentlichte, musste dies beurteilen können. „Unser erster und zweiter etatsmäßiger Dolmetscher gehörten zur letzten Kategorie. Beide waren sie erstrangige Kapazitäten auf ihrem Gebiet. Legationsrat Krebs, eine polyglotte Berühmtheit, wurde oft selbst von chinesischen Autoritäten in grammatischen Fragen zu Rate gezogen ... Krebs war ein Phänomen ... 1912 beherrschte er 32 Sprachen, nicht in der Art, wie es die Vielsprachler von sich behaupten, sondern ebenso elegant und gut das Arabische wie das Russische oder Italienische. Er sprach ein so vollendetes Toskanisch, dass der einzige Italiener Pekings, dessentwegen, so schien es, mich jedes Mal bat, ich möchte den Dottore Krebs zu einem freien Haarschnitt in seinen Salon einladen, um sein Toskanisch genießen zu können."

Seine Sprachkenntnisse führten sogar dazu, dass Krebs, wie er dem Außenminister Friedrich Rosen am 8. August 1921 schrieb, „im Jahr 1901 während der Beurlaubung des Dolmetschers der italienischen Gesandtschaft monatelang gleichzeitig die Dolmetschergeschäfte der italienischen Gesandtschaft wahrnahm".

Werner Otto von Hentig hatte miterlebt, wie Emil Krebs zu einer neuen Sprache kam: Wir „waren eines Mittags von einem großen amerikanischen Antiquar zum Frühstück ins Wagons Lits eingeladen. Nach einiger Zeit rückte Krebs, der bis dahin still und stumm dabeigesessen hatte, unruhig hin und her. Dann hielt es ihn nicht mehr, er stand auf und ging auf einen hinter uns stehenden Tisch

Peking, Tung-hua-mèn. Foto: Alfons von Mumm, 1905

zu. Linkisch führte er sich bei zwei dunkelhaarigen Herren vom Mittelmeertyp ein und verließ sie bald ganz erlöst. Fremde, selbst ihm fremde Sprachlaute waren an sein Ohr geschlagen. Er konnte sie weder im Westen noch Osten Asiens unterbringen. Es war Armenisch gewesen.

Noch am gleichen Tag bestellte er telegraphisch in der Leipziger Universitätsbibliothek eine armenische Grammatik, altarmenische Kirchenliteratur und moderne armenische Romane. Für die Grammatik brauchte er zwei, für das Altarmenische drei und die gesprochene Sprache vier Wochen. Dann beherrschte er sie."

Persönlich kam von Hentig „verhältnismäßig gut mit dem Gewaltigen, dem Menschenverächter, aus. Er hatte mir auch einen schönen chinesischen Namen, ein grammatisch-politisches Meisterstück, zugedichtet. Aus Hentig wurden drei Charaktere: Han wie das Urvolk Chinas, ti gué *mit Eigenschaften höchsten Grades.* So wurde der Attaché angekündigt *als der alte Herr Han aus*

140

dem Tugendland (do guo, Deutschland) mit Eigenschaften höchsten Grades. Das war jedenfalls eine bessere Einführung, als sie der ihm lästig gewordene Korrespondent des ‚Berliner Lokal-Anzeigers‘ Pustau erfuhr, dessen Namen er in bu tsche dao, *ich weiß von nichts*, transponiert hatte.

1939 erschien im Verlag Karl Josef Sander das Büchlein „Götz von Berlichingen. Wie sag‘ ich's nur." Dieser „internationale Götz-Sprachen-Führer" soll nach den Worten des Herausgebers und Schwagers Walther Deneke sein „Entstehen dem verständnisvollen Eingehen des großen Sprachenkenners Emil Krebs auf die Anregung einer heiteren Stunde" verdanken.

Für den Diplomaten Werner Otto von Hentig „war der Verkehr mit Krebs schwer. Die chinesischen Amtsdiener fürchteten seine Grobheit. Auch uns sagte er auf einen freundlichen Gruß: *Was wollen Sie, lassen Sie mich in Ruh!'* Einmal wünschte ihn der Gesandte am frühen Nachmittag dringend zu sprechen. Ich wurde vorgeschickt, ihn zu holen. Sein würfelförmiges kleines Häuschen war von vier Mauern vollkommen abgeschlossen. An zwei Seiten hatte er Kai mön di (Pförtner) installiert, die jede Störung von ihm fernhalten sollten. Da er von Mitternacht bis 4 Uhr morgens Sprachen repetierte, schlief er des Nachmittags.

Herr Legationsrat Krebs!, hsia lao ye, Seine Exzellenz lässt Sie bitten. Keine Antwort.
Lauter: *Herr Krebs, der Gesandte braucht Sie dringend.*
Keine Antwort.
Noch lauter: *Der Herr Minister lässt bitten.*
Endlich ein unwilliges Brummen.
Herr Krebs, Herr Krebs, lassen Sie mich doch ein!
Der Gesandte kann mir, lassen Sie mich in Frieden.
Darf ich Ihnen beim Anziehen helfen?
Gehen Sie zum Teufel!
Man braucht Sie dringend.
Das behauptet man immer.

Die Kaiserstraße vom Chienmén. Foto: Alfons von Mumm, 1905

Inzwischen hatte Krebs, krebsrot an seinem Hemdenknopf würgend, Befehl zum Öffnen der Mauertür gegeben und sich grollend in Marsch gesetzt. Wie der Fall zeigt, kein bequemer Mitarbeiter. Seine Interessen waren auch ganz einseitig. Als ich Jahre später, mit der Ausbildung der Attachés betraut, ihn bat, uns aus seiner einzigartigen Kenntnis einen allgemeinen sprachvergleichenden Vortrag zu halten oder über ein ähnliches Thema eigener Wahl zu sprechen, weigerte er sich strikt, nicht so sehr aus allgemeiner Widerwurzigkeit als aus der Unfähigkeit, anders als rein sprachlich-grammatisch zu denken."

Als Kaiser Pu Yi gestürzt und am 1. Januar 1912 die Republik China ausgerufen wurde, befand sich Krebs vom 17. Oktober 1911 bis 11. Mai 1912 auf Heimaturlaub. Offensichtlich wollte er unmittelbar nach der Revolution zurück, was das Auswärtige Amt mit Hinweis auf seinen angeschlagenen Gesundheitszustand ablehnte. Obendrein gab es die Begründung, dass „wegen einer fehlenden Zentralregierung in China zu diesem Zeitpunkt ohnehin alles drunter und drüber gegangen sei, und die im Außenministerium eingegangenen Informationen ausgereicht haben".

Ein Jahr später, am 14./15. April 1913, gab es zu den Ereignissen in China eine Reichstagsdebatte zur Ostasienpolitik. Der Abgeordnete Müller (Meiningen) kritisierte, dass bei Ausbruch der chinesischen Revolution alle Sachverständigen abwesend gewesen seien. „Wenn man einen solchen Mangel an fähigen Leuten für einzelne Posten wie gerade in China hat, dann sollte man doch froh sein, wenn einer auf seinen Platz gehen will. Wenn der eine Herr nicht krank geworden wäre, dann hätten wir für China einen Mann gehabt, der Chinesisch konnte, da aber der eine Mann krank geworden ist, so hatten wir keinen Mann für die Versetzung in Peking, der Chinesisch versteht, und deswegen hat man einen Mann hingesandt, der nicht Chinesisch sprechen kann. Wenn also ein solcher Mangel an Leuten ist, die Chinesisch sprechen können, dann hätte man wahrhaftig den Mann in einem solchen Zeitpunkt nicht abhalten sollen! Ich sollte meinen, dass niemals ein solcher Mann notwendiger ist als zur Zeit von Unruhen, wo die Kenntnis der Verhältnisse und Personen in China am allernotwendigsten ist."

„Wie bei allen Revolutionen schaffte man zunächst die alten Symbole ab." Die Dolmetscher Emil Krebs und Dr. Erich Hauer (1878-1936), Spezialist für Mandschurisch, so Werner Otto von Hentig, „empörte die revolutionäre Bewegung mehr persönlich, als sie von ihr geschichtlich bewegt wurden. Jäh entdeckten die beiden ihr Herz für Altchina und seine geheiligten Überlieferungen". Die Empörung der beiden Sinologen dürfte ihre Begründung in ihrem tieferen Wissen der chinesischen Kultur finden. Hatte sich doch vor allen Dingen Emil Krebs über zwei Jahrzehnte mit der chinesischen Sprache und der jahrtausendealten Kultur Chinas auseinandergesetzt.

Nach dem Ausbruch des Ersten Weltkrieges forderte Japan bereits am 10. August 1914 ultimativ die Übergabe des deutschen Schutzgebietes Kiautschou. Gouverneur Alfred Meyer-Waldeck

Eine Seitenstraße in Peking. Foto: Alfons von Mumm, 1905

reagierte nicht. Als am 23. August 1914 die japanische Kriegserklärung an das Deutsche Reich erfolgte, telegrafierte er an Kaiser
Wilhelm II.: „Einstehe für Pflichterfüllung bis zum äußersten."
Nach Blockaden, Belagerungen und Angriffen kam es am 7. November 1914 zur Kapitulation und Besetzung durch Japan. Die
deutsche Besatzung geriet in japanische Kriegsgefangenschaft.

In der Kaiserlich Deutschen Gesandtschaft zu Peking rückte
man zusammen. Flüchtlinge aus Tsingtau mussten auch in der
Krebsschen Wohnung untergebracht werden, die Familie des Sinologen Richard Wilhelm (1873-1930), der im Pachtgebiet eine
deutsch-chinesische Schule gegründet hatte, die Frau des Gou-
verneurs von Kiautschou Meyer-Waldeck mit ihren drei Kindern.

In der Gesandtschaft wurde fortan mit dem Ende der diplomatischen Beziehungen zwischen China und dem Deutschen Reich
gerechnet. Am 14. März 1917 um 12 Uhr überbrachte ein Abge-

sandter des chinesischen Außenministeriums (wie aktenkundig überliefert „bemerkenswerterweise Krebs und nicht dem Gesandten") die Mitteilung vom Abbruch der diplomatischen Beziehungen – mit der mündlich vorgetragenen Aufforderung, China binnen 48 Stunden zu verlassen.

Emil Krebs, Frau Amande und ihre Töchter reisten am 25. März 1917 aus Peking ab. Mit einem Sonderzug erreichten sie am 27. März Shanghai. Im Hafen Wusung ankerte bereits der holländische Dampfer „Rembrandt", den die deutsche Regierung für die Überfahrt ihrer ausgewiesenen Landsleute nach Amerika gemietet hatte. Am 1. April ging es von Yokohama weiter nach Honolulu (Ankunft 13. April) und San Franzisco (Ankunft 21. April). Am 28. April ging es weiter mit einem verplombten Zug der Santa Fe-Eisenbahn-Gesellschaft über Chicago nach New York (Ankunft 3. Mai). Die Abreise nach Europa auf dem holländischen Dampfer „Ryndam" erfolgte am 4. Mai. Halifax wurde am 6. Mai angelaufen. Wegen schlechten Wetters und intensiver Überprüfungen der Passagiere durch ein englisches Kriegsschiff verzögerte sich die Weiterreise. Am 22. Mai wurde Rotterdam erreicht. Nach einer zweimonatigen Reise kam Familie Krebs am 23. Mai 1917 in Berlin an.

Bearbeitet von Peter Hahn

Berlin Bahnhof Friedrichstraße. Foto: Max Missmann, 1907

Wieder in Deutschland
Eckhard Hoffmann

Die Familie Krebs, Emil, Amande und ihre aus der ersten Ehe stammenden Töchter Charlotte-Luise und Irmgard, traf am 23. Mai 1917 in Berlin ein, empfangen am Bahnhof Friedrichstraße von Toni Deneke, der Schwester von Amande Krebs. Bereits am folgenden Tage teilte der pflichtbewusste Krebs seinem Dienstherrn mit: „Ich melde mich hiermit zum Dienstantritt und stelle mich dem Auswärtigen Amt behufs Verwendung im inneren oder äußeren Dienst zur Verfügung." Vorläufiger Wohnsitz Naumburg/Saale, Reußenplatz 11, bei Frau Justizrat Glasewald, seiner Schwiegermutter.

Da die Berliner Wilhelmstraße offensichtlich über Wochen nicht reagierte, brachte er sich Mitte Juli 1917 vom niederschlesischen Esdorf aus in Erinnerung: „Eine Einberufung für den Dienst habe ich nicht vorgefunden, weshalb ich die Bitte wage, freundlichst meine Beschäftigung zu erwägen."

Das Auswärtige Amt war im vierten Kriegsjahr mit anderem beschäftigt: Februarrevolution in Sankt Petersburg, Kriegserklärung der USA, Rücktritt von Reichskanzler Bethmann Hollweg, Oktoberrevolution in Russland, Waffenstillstand von Brest-Litowsk, Besetzung von Deutsch-Ostafrika – dazu die Fronten im Westen und Osten.

Mit Schreiben vom 8. September 1917 an den Ksl. Dolmetscher Legationsrat Krebs teilte das Auswärtige Amt mit: „Durch das Gesetz vom 30. Mai d. J. (R. G. Bl. S. 445) ist bestimmt worden, dass die diplomatischen und konsularischen Vertretungen des Reichs in China wegfallen. Damit hat auch das von Ihnen verwaltete Amt des 1. Dolmetschers bei der Ksl. Gesandtschaft in Peking zu bestehen aufgehört. Auf Grund des § 24 des Reichsbeamtengesetzes werden Sie daher hiermit unter Bewilligung des gesetzlichen Wartegeldes einstweilig in den Ruhestand ver-

Berlin, den 8./VI 1917, Eilt!

Eing. 28 AUG 1917

Angabe

An

den Ksl. *[handschriftlich]*

Herrn *Legationsrat D. Krebs*

in Hannover

[handschriftlich]

[handschriftlich]

Reinschrift mit dem Namens-
zug S.E. des H.St.S. zu unter-
stempeln. Im Konzept nicht dem
Herrn U.St.S. vorzulegen.

D.

Referent: *[handschriftlich] Mathieu*
Herrn *GH. Foertsch z.g.Mtz.*

Herrn   z.g.Mtz.

ch Abgang:

Der Legationskasse z.g.Ktn.

Herrn G.H.R. ~~Hannsdorf~~ z.g.
Not.
"   "   May   desgl.
"   Konsul Dr. Krebbes "
"   V.K. Jank   "
"   H.R. Dohl   "
Der Geh.Kalkulatur I z.g.Kth.
u.w.N.

126469

Durch das Gesetz vom 30. Mai d.J.
(R.G.Bl.S. 445) ist bestimmt worden, daß
die diplomatischen und konsularischen
Vertretungen des Reichs in *China*

wegfallen. Damit

hat auch das von Ihnen verwaltete Amt des

1. *[handschriftlich]*

bei der Ksl. *Gesandtschaft*

in *Peking*

zu bestehen aufgehört.

Auf Grund des § 24 des Reichsbeamtengesetzes werden Sie daher hiermit unter Bewilligung des gesetzlichen Wartegeldes einstweilig in den Ruhestand versetzt. Ihr Wartegeld beläuft sich auf
5157 M (i.B.). Es wird Ihnen vom 1. *Januar*
1918 d.J. ab in vierteljährlichen Raten
im voraus gegen Quittung von der Legationskasse gezahlt werden. Bis dahin verbleiben Sie im Genusse Ihres etatsmäßigen
Diensteinkommens. -- ~~Bis zum Ablauf des~~
~~Vierteljahrs, das auf den Monat folgt, in~~
~~welchem~~

Versetzung in den einstweiligen Ruhestand, 1917
Quelle: Politisches Archiv Auswärtiges Amt

148

setzt. Ihr Wartegeld beläuft sich auf 5157 M. (i. B.). Es wird Ihnen vom 1. Januar 1918 ab in vierteljährigen Raten im voraus gegen Quittung von der Legationskasse gezahlt werden. Bis dahin verbleiben Sie im Genuss ihres etatsmäßigen Diensteinkommens."

Welch ein Schock! Darauf war er nicht vorbereitet. Ob gedrängt oder aus Überzeugung, im September 1917 zog er ohne Familie nach Berlin. Hier konnte er sich besser in Erinnerung bringen.

Zu dieser Zeit bekundete der Islamwissenschaftler Eugen Mittwoch (1876–1942), Leiter der während des Krieges gegründeten „Nachrichtenstelle für den Orient", Interesse an seiner Mitarbeit: „Infolge seiner ausgedehnten Sprachkenntnisse könnte er sich bei der Verwertung der fremdsprachigen Presse, beim Zeitungsarchiv und bei den Redaktionsarbeiten am ‚Neuen Orient' sehr nützlich machen." Das für propagandistische und nachrichtendienstliche Aktivitäten geschaffene Institut, mit orientalischen und deutschen Mitarbeitern, überwiegend Orientalisten, Diplomaten und Journalisten, war allerdings weder eine Einrichtung des Auswärtigen Amtes noch des deutschen Generalstabs, obwohl es über die „Zulieferungen" keine Zweifel gab. Gebraucht wurden Erkenntnisse zu russischen, tatarischen, kaukasischen, türkischen, persischen und indischen Angelegenheiten. Krebs war (bei einer zusätzlichen Vergütung von 300 Mark) dazu bereit, jedoch nur ohne Anrechnung an seine Dienstbezüge. Nach einigem bürokratischem Hin und Her wurde er ab November 1917 vom Auswärtigen Amt offiziell der Nachrichtenstelle zur Verfügung gestellt. Mit dem Ende des Kaiserreiches hatte sich die Sache erledigt.

Der Gesundheitszustand von Emil Krebs verschlechterte sich. Er nahm stark ab. Rheumatische Beschwerden kamen hinzu. Er zog sich in das Elternhaus nach Esdorf im niederschlesischen Kreis Schweidnitz zurück. Sein Leben lang war er mit seiner Heimat eng verbunden. Die drei Heimaturlaube von China wurden immer dort verbracht. Für seinen vorübergehenden „Rückzug" in das Dorf im Jahr 1919 hatte er alles geregelt: „Meine hiesige Tätigkeit wird, soweit es sich um die regelmäßigen für das Auswärtige

Emil Krebs in Esdorf, 1921

Amt angefertigten Übersetzungen und Auszügen chinesischer Zeitungen handelt, durch meinen Urlaub keine Unterbrechung erfahren. Es wird Vorsorge getroffen, dass mir vom Orientinstitut die chinesischen Zeitungen nach Eingang zugeschickt werden."

Für die Familie seines Bruders Alfred brachen nach diesen Ankündigungen aufregende Zeiten der Vorbereitung an. Bereits Wochen vorher kamen die Sendungen mit Bücherkisten. Die „gute Stube" im Obergeschoss wurde für ihn hergerichtet. Als er dann da war, beschäftigte er sich täglich mit Sprachen. Im Dorf, bekannt und geachtet, wunderte sich keiner, wenn er mit einem Buch in der Hand, den Zwicker auf der Nase und ohne Hut, vor sich hin murmelnd durch die Dorfstraße ging. Er war, wie es der Indologe Helmuth von Glasenapp (1891-1963) formulierte, „eben durch und durch ein Eigenbrötler, auf dessen Sonderbarkeiten seine Frau und seine Kollegen Rücksicht nehmen mussten". Wesentlich waren aber in den Jahren unmittelbar nach seiner Rückkehr die ihm auferlegten und nicht befriedigenden Arbeiten – und jene fehlende Anerkennung, die er sich in China erarbeitet hatte. Am 21. Februar 1920 versuchte Gustav Krupp von Bohlen und Halbach (1870-1950), seit Peking mit Krebs verbunden, ihn beim Auswärtigen Amt wieder für China ins Gespräch zu bringen. „Es wäre meiner Ansicht nach kaum zu verantworten, Herrn Krebs nicht wieder nach Peking zu schicken. Auf der einen Seite hat er eine Menge Verbindungen mit Chinesen der verschiedensten Parteien und man sollte sich jetzt die Ausnützung aller dieser Beziehungen nicht entgehen lassen. Krebs ist der geborene Leiter der chinesischen Kanzlei; als solcher ist er nach dem Urteil maßgebender Persönlichkeiten unbezahlbar."

Obwohl der mächtige Mann aus Essen die Angelegenheit im Hinblick auf die künftigen politischen und im Hinblick auf seine Firma auch die wirtschaftlichen Beziehungen zu China für wichtig hielt, reagierte Berlin nicht.

In diesem Zusammenhang wird ein Manuskript interessant, das der Geograph Wilhelm Matzat in den 1990er Jahren entdeckte. Matzat, 1930 in Tsingtau (heute Qingdao) geboren, lebte dort bis 1946. Von 1969 bis 1995 war er Professor für Geographie an der Universität Bonn. Er hat sich intensiv mit seiner chinesischen Heimat beschäftigt und mit einigen Veröffentlichungen zur Provinz Schantung und Tsingtau das Kapitel deutsche Kolonialgeschichte beleuchtet. Bei seinen Recherchen fand er einen Vortrag, den Emil Krebs am 1. Dezember 1922 an der Friedrich-Wilhelms-Universität zu Berlin gehalten hat. Dieser wurde am 20. Februar 1923 in der Zeitschrift „Der neue Orient" abgedruckt.

Die damaligen Formulierungen von Krebs erschienen wohl selbst seinem Freund, dem Dolmetscher Heinrich Cordes, ungewöhnlich: „Und wie habe ich mich über den Emil gewundert! Der hatte ja die letzten 20 Jahre gänzlich abgestreift und warf viel Redensarten um sich, dass selbst mir der Athem stockte!" – So in seinem Brief vom 28. Oktober 1923 an den Bruder Alfred Krebs.

Emil Krebs als Dolmetscher bei der Krupp AG in Essen, um 1923

Die Auffassung von Emil Krebs zur bisherigen deutschen Politik gegenüber China hatte sich geändert: „Auf handelspolitischem Gebiet wurde China von den fremden Mächten von vorn herein Konzessionen abgerungen und Beschränkungen auferlegt, die seine freie Entfaltung und vor allem eine geregelte Finanzwirtschaft hemmten. So war denn durch die ohne Rücksicht auf die Chinesen und ihre in ihrer uralten Kultur begründete Eigenart vorgenommene ‚Europäisierung' Chinas auf allen Gebieten ein fruchtbarer Boden für die Bewegung geschaffen, die als Boxeraufstand bekannt ist, besser aber als die nationale Erhebung Chinas gegen das Vordringen Europas im fernen Osten bezeichnet werden sollte ... Die Verhandlungen, die zu dem Friedensprotokoll von 1901 führten, wären der geeignete Zeitpunkt gewesen, einen richtigen Ausgleich zwischen den fremden Interessen in China und den politischen, finanziellen und wirtschaftlichen Notwendigkeiten Chinas zu schaffen, und so die Grundlage zu einer friedlichen Einreihung Chinas in die Zahl der Nationen zu legen. Aber gerade das Gegenteil geschah ..."

Krebs, allein und anlehnungsbedürftig, vermisste seine Familie. Mit Unterstützung des Auswärtigen Amtes gelang es Mitte des Jahres 1920, die Wohnung in Charlottenburg, Lindenallee 26 II, zu beziehen. Aus Naumburg kamen Frau und ihre beiden Töchter – und die umfangreiche Bibliothek mit einer Sammlung von Büchern und Schriften in 111 Sprachen, die lange Zeit in einem Naumburger Tanzsaal eingelagert war. Nun hatte er sein gewohntes Umfeld wieder. Er zog sich in sein Studierzimmer zurück. Seine Frau versorgte ihn, hielt ihm Gäste vom Hals. Sollte doch jemand bis zu ihm vordringen, so dauerte dieser Besuch nicht lang, denn er bot keinen Stuhl zum Sitzen an. Er hatte keinen!

Mit der Reichsgründung von 1871 wurde das Auswärtige Amt des Norddeutschen Bundes als Behörde des preußischen Staatsministeriums mit einem Staatssekretär als Leiter übernommen. Erst 1919 wurde daraus ein Reichsministerium unter Beibehaltung der traditionellen Bezeichnung Auswärtiges Amt, an dessen Spitze nun ein Reichsaußenminister stand.

Emil Krebs hatte seit seiner Rückkehr zwischen 1917 und 1919 fünf Staatssekretäre sowie zwischen 1919 und seinem Tod im Jahr 1930 elf Reichsminister des Auswärtigen erlebt, darunter Walther Rathenau und Gustav Stresemann. Dementsprechend erfolgten im Amt strukturelle Veränderungen. Innerhalb der Abteilung II, zuständig für Handel, Verkehr, Konsulate, Recht, Kunst und Wissenschaft, wurde 1921 ein Chiffrierbüro für japanische Angelegenheiten eingerichtet, dem er ab 1. März 1921 zugeteilt wurde.

Wenige Wochen später wurde der parteilose Friedrich Rosen (1856-1935) Außenminister. Da Krebs den Orientalisten vom „Se-

Der durch umstehendes Lichtbild dargestellte
Legationsrat Emil Krebs
gehört dem Auswärtigen Amt an.
Wohnung: Berlin.-Charlottenburg, Linden.-Allee 26,......
Dienstgebäude: Berlin, Wilhelmstraße 74/76 ....
Alle militärischen und polizeilichen Organe werden gebeten,
genannter Persönlichkeit Schutz und Hilfe angedeihen
zu lassen und bei Absperrungen Durchlaß zu gewähren.
Berlin, den 28. August 1925.
Auswärtiges Amt.

Dienstausweis des Auswärtigen Amts für Emil Krebs, 1925
Quelle: Politisches Archiv Auswärtiges Amt

minar für Orientalische Sprachen" kannte, trug er am 8. August
1921 in einem neunseitigen Brief seine (schon ziemlich verzweifelt anmutende) Lage vor. Nach einer ausführlichen Darstellung
seiner langjährigen und erfolgreichen Arbeit als Dolmetscher
und Übersetzer in den Sprachen Chinesisch, Japanisch, Türkisch,
Arabisch, Urdu, Mandschurisch, Mongolisch, Italienisch, Russisch, Finnisch und Persisch kommt er auf Frühjahr 1917 und
den Abbruch der diplomatischen Beziehungen zwischen China
und Deutschland zurück: „Entsprechend meinem Wunsche war
durch den holländischen Gesandten versucht worden, bei der
chinesischen Regierung mein Verbleiben in Peking durchzuset-
zen und mich während des Krieges seiner Gesandtschaft zuzufü-
ren. Doch scheiterte dies an dem Widerstande des französischen
Gesandten, welcher den Beamten des chinesischen Auswärtigen
Amtes ausdrücklich erklärt hatte: Monsior Krebs, jamais! Der
niederländische Gesandte meinte, wohl nicht mit Unrecht, der

französische Vertreter mochte nicht, dass ich als Mitglied der neutralen niederländischen Gesandtschaft meine zahlreichen freundschaftlichen Beziehungen zu chinesischen Beamten ausnutze. So musste auch ich nach Deutschland zurückkehren.

Warum einem trotz meiner, wie mir häufig versichert worden ist, ungewöhnlichen Sprachkenntnisse zu dem Entschluss gekommen ist, mich nicht länger in China zu verwenden, entschließt sich meiner Kenntnis. Einflussreiche Freunde haben sich wiederholt bemüht zu bewirken, dass man sich auf Grund meiner Kenntnisse und Erfahrungen auf dem bisherigen Gebiet meiner langjährigen Tätigkeit zu nutze mache, doch sind diese Bemühungen vergeblich gewesen. Ich kann nicht umhin mich ungerecht behandelt zu fühlen.

Meine dienstliche Stellung ist unhaltbar, sie entspricht der eines untergeordneten Kanzleibeamten, wie sie einem langjährigen Beamten meiner bisherigen Stellung eigentlich nicht zugemutet werden sollte, und wenn ich sie bisher trotzdem ohne Murren ausfüllte, geschah es, weil ich mich nützlich erweisen wollte. Ich bin immer noch zur Disposition gestellt." Der Brief erhält den Vermerk: „Minister Rosen will das Weitere selbst veranlassen." Am 15. August 1921 antwortete dieser dem „Lieben Herrn Kollegen", sich sehr zu freuen, ihn nach Rückkehr aus dem Urlaub zu sehen. Zwei Monate später am 26. Oktober 1921 hieß der Außenminister Joseph Wirth, drei Monate später war es dann Walther Rathenau.

Immerhin absolvierte Rathenau bei seinem Amtsantritt einen Rundgang durch alle Abteilungen des Ministeriums. Amande Krebs berichtete, dass er sich drei Stunden im Zimmer ihres Mannes aufgehalten habe. „Hier bleiben Sie nicht mehr lange. Für eine solche Kapazität haben wir höhere Verwendung." Drei Tage danach wurde Rathenau am 24. Juni 1922 ermordet.

Handschriftliche Auflistung von Emil Krebs, 1922
Quelle: Politisches Archiv Auswärtiges Amt

Emil Krebs war wohl verzweifelt. Er nahm an, was man ihm anbot, so auch im Mai 1922 die nebenberufliche Beschäftigung als vereidigter Übersetzer für Finnisch im Kammergerichtsbezirk Berlin sowie bei den Standesämtern der Stadt Berlin und des Regierungsbezirks Potsdam.

Am 23. August 1922 wurde Ministerialdirektor Hubert Knipping (1868-1955) als Leiter der Abteilung Ostasien (Abteilung IV b) tätig. Knipping gehörte zu jenen Diplomaten, die über den längsten Zeitraum mit Emil Krebs zusammengearbeitet haben. Er war zwischen 1899 und 1902 am Konsulat Shanghai tätig, von 1906 bis 1913 Konsul in Tientsin und von 1913 bis 1917 Generalkonsul in Shanghai. Nun regte er an, die Sprachkenntnisse von Krebs für den Sprachendienst zu nutzen. Außerdem solle er sich den Sprachstudien der Attachés widmen. Für Vorlesungen über den Fernen Osten sei eine Anstellung als außerplanmäßiger Dozent am „Seminar für Orientalische Sprachen" anzustreben.

Seinem Vermerk war eine handschriftliche Aufstellung von Emil Krebs beigefügt: „Korrekte Übersetzungen ins Deutsche kann ich aus folgenden Sprachen liefern: Böhmisch, Bulgarisch, Dänisch, Englisch, Finnisch, Französisch, Neugriechisch, Holländisch, Italienisch, Kroatisch, Polnisch, Portugiesisch, Rumänisch, Russisch, Schwedisch, Serbisch, Spanisch, Türkisch, Ungarisch, Westarmenisch, Arabisch, Chinesisch, Hindi, Japanisch, Javanisch, Koreanisch, Malaiisch, Mandschurisch, Mongolisch, Ostarmenisch, Persisch, Siamesisch, Tibetisch, Urdu.

Lateinisch, Altgriechisch, Althebräisch als kaum in Betracht kommend, sowie einige andere Sprachen, von denen ich zwar eine theoretische Kenntnis, aber nicht genügend praktische Übung habe, habe ich in der Zusammenstellung fortgelassen. Albanisch kann ich hinreichend, um Übersetzungen daraus anfertigen zu können, wenn ich ein Wörterbuch hätte. Dasselbe gilt für Georgisch."

Mitte Oktober 1922 nahm das Auswärtige Amt Kontakt mit dem für das „Seminar für Orientalische Sprachen" zuständigen Preußischen Kultusministerium auf. Als der zwischen 1888 und 1901

Emil Krebs, 1925

an der Gesandtschaft Peking als Dolmetscher tätige Otto Franke (1863-1946) den Lehrstuhl für Sinologie an der Friedrich-Wilhelms-Universität zu Berlin eingenommen hatte, bat ihn Krebs im Februar 1923 um eine Dozentenstelle für fernöstliche Sprachen. Er hatte wohl gehofft, vielleicht sogar erwartet, dass dieser am ehesten Verständnis für seine missliche Lage aufbringen würde. Franke war von 1888 bis 1901 als Dolmetschereleve in China tätig, kannte aus dieser Zeit nicht nur Krebs, sondern vor allem auch die unwürdige Behandlung der Mitarbeiter durch das Amt. Er war es, der den diplomatischen Dienst schließlich aufkündigte, und in seinen später veröffentlichten „Randglossen zur eigenen Lebensgeschichte" über die auswärtige Ministerialbürokratie ein hartes Urteil fällte. Otto Franke zog sich auf die von ihm einst gegeißelten Formalitäten zurück. Es stehe ihm nicht zu, diese Stelle zu vergeben.

Die Antwort veranlasste Krebs, sich am 15. März 1923 an das Kultusministerium zu wenden. Er machte darauf aufmerksam, dass er nicht nur anerkannt gute Kenntnisse im Chinesischen habe, sondern auch in anderen Sprachen des Fernen Ostens wie Japanisch, Tibetisch und Siamesisch gut beschlagen sei. Aus seiner Sicht käme vor allem Mongolisch in Betracht, „das ich sehr gut kann und in dem ich besser zu Hause bin als die offiziellen Dozenten an der hiesigen Universität". Auch das Auswärtige Amt setzte sich nun für sein Weiterkommen bzw. Unterkommen ein. Am 12. April 1923 schrieb Staatssekretär Adolf Georg Otto von Maltzan (1877-1927): „Wir haben ein besonderes Interesse daran, die außerordentlich großen Sprachkenntnisse des Legationsrats Krebs beim Orientalischen Seminar oder im Rahmen der Universität verwendet zu sehen. Im Auswärtigen Amt selbst können nach Lage der Verhältnisse diese Kenntnisse des Herrn Krebs nicht so fruchtbar gemacht werden, wie es mir notwendig erscheint."

Bereits am 17. Mai 1923 teilte das Kultusministerium mit, „dass Herr Krebs nach seinen Fachkenntnissen wohl geeignet sei, auch im Rahmen der Universität oder des neuen Seminars für Orienta-

Auswärtiges Amt in der Berliner Wilhelmstraße, um 1930
Quelle: Politisches Archiv Auswärtiges Amt

lische Sprachen eine nützliche Tätigkeit zu entwickeln". Professor Franke aber habe „sehr gewichtige Bedenken gegen die Person des Herrn Legationsrat Krebs, den er aus vieljähriger gemeinsamer Tätigkeit kennt. Herr Krebs sei ein Mann, der sich im persönlichen Verkehr schwer einzuordnen vermag." Dies könne in der Zusammenarbeit zu Komplikationen führen, die man unbedingt vermeiden wolle".

Krebs überraschte diese Absage – wohl auch das Auswärtige Amt, das sich nun gezwungen sah, eine hausinterne Lösung für den eigenen Beamten zu suchen. Längst war deutlich geworden, dass das „Seminar für Orientalische Sprachen" auf Grund des erweiteren Fremdsprachenbedarfs und dem damit verbundenen Wachsen der deutschen Behörden das Bedürfnis nach linguistisch geschultem Personal allein nicht mehr erfüllen konnte.

Regierungsrat Paul Gautier (1889-1965), seit 1921 innerhalb der Abteilung I (Personal und Verwaltung) Leiter des Übersetzungs- bzw. Sprachendienstes des Auswärtigen Amts, sah in einem Antrag vom 13. Juni 1923 die Möglichkeit, das „Sprachwunder" neben seiner Tätigkeit in der Chiffrierabteilung zusätzlich an seine Einrichtung zu binden. Gerade für „entlegene Sprachen" sei Krebs wegen seiner „ganz phänomenalen sprachlichen und kulturellen Kenntnisse" bereits eine unentbehrliche Stütze geworden. „Alle durch die zur Verfügung stehenden Übersetzer angefertigten Texte könnten jeweils von einer mit der amtlichen Terminologie und möglichst mit der speziellen Materie vertrauten Kraft überprüft werden." In der Vergangenheit sei es immer wieder zu Engpässen und zeitlichen Verzögerungen gekommen, da freie Mitarbeiter herangezogen werden mussten, deren Übersetzungen dann noch in die erwünschte und erforderliche Form gebracht werden mussten.

Im Auswärtigen Amt „arbeitet eine Kraft, die in der hervorragenden Weise dazu geeignet wäre, die Übersetzungen aus einer ganzen Reihe von Sprachen sachlich und sprachlich zu überprüfen. Diese Kraft ist Herr L.R. Krebs, der die phänomenale Fähigkeit besitzt, aus ca. 45 Sprachen in amtlich verwertbarer Form in das Deutsche übersetzen zu können und damit ein erstaunliches Maß von Kenntnissen über die kulturellen Verhältnisse der einzelnen Länder verbindet.

Herr Legations Rat Krebs hat sich dazu in der Lage und bereit erklärt und würde im Rahmen dieser Überprüfungsarbeiten, sowie im Übersetzungsarchiv, in der Bibliographie der sprachlichen und sachlichen Nachschlagewerke sowie in dem Ausbau der phraseologischen Zettellexika in den verschiedenen Sprachen ein seinen wissenschaftlich – sprachlichen und sachlichen Interessen entsprechendes Arbeitsfeld finden. Im Sprachendienst böten sich für Herrn L.R. Krebs mehrere wichtige Aufgaben, für welche er in hervorragendem Maße geeignet wäre: Die Überprüfung bzw. Vereinheitlichung der Übersetzungen aus den verschiedensten Fremdsprachen ins Deutsche, die Mitverwaltung der Bibliothek

Das Grab von Emil Krebs auf dem Südwestkirchhof in Stahnsdorf Block Epiphanien, Gartenblock I, Gartenstelle 81. Foto: Peter Hahn

von Nachschlagewerken für alle im Sprachendienst in Betracht kommenden Sprachen.

Was die besondere sprachliche Ausbildung der Anwärter anbelangt, halte ich Herrn L.R. Krebs für eine Kraft, wie sie selten anzutreffen sein dürfte, denn ich habe mich verschiedentlich in der Unterhaltung mit ihm davon überzeugen können, dass er die Sprachen nicht nur grammatisch, sondern auch gründlich wissenschaftlich und zwar im Zusammenhang mit der Kultur der betreffenden Länder studiert hat."

Festgehalten sei, dass mit dem Vermerk von Gautier erstmals in der Personalakte des Auswärtigen Amtes ein Fachmann mit einer fachlichen Beurteilung zu Wort kam. Für die Ministerialbürokratie fügte Gautier hinzu: „Diese Unterstützung durch L.R. Krebs dürfte umso zweckmäßiger sein, als sich dadurch eine sehr beträchtliche Kostenersparnis ergeben würde."

Sechs Jahre nach seiner Rückkehr aus China erhielt Krebs, ohnehin beamteter Mitarbeiter des Auswärtigen Amtes, endlich eine Aufgabe, die seinen Fähigkeiten entsprach und die seiner Sprachvielfalt Rechnung trug. Paul Gautier: „Krebs ersetzt uns 30 Außenmitarbeiter!"

Emil Krebs starb am 31. März 1930. Nach Angaben seiner Schwägerin Toni Deneke (1883-1970) soll er am 31. März „allzu rasch die vier Treppen im Auswärtigen Amt hinaufgestiegen sein. Kurz danach, bei einer Arbeit in türkischer Sprache, fiel er plötzlich um. Gehirnschlag. Er lebte nur noch wenige Minuten."

Christiane Radnai, eine Enkelin von Amande Krebs, lieferte eine andere Variante. Danach konnte ihre Mutter Charlotte-Luise Stamm, geb. Heyne-Krebs, am 31. März 1930 nur mit Schwierigkeiten die Tür zur Wohnung ihrer Eltern in der Lindenallee 26 öffnen, weil ihr Stiefvater zusammengebrochen hinter der Tür lag.

Dieser Bericht scheint glaubhaft, da sich in der Personalakte im Auswärtigen Amt eine Rechnung über einen Krankentransport von der Wohnung zum St. Hildegard Krankenhaus in Berlin befindet. Folglich hat er zum Zeitpunkt des Auffindens durch seine Stieftochter noch gelebt. Er ist dann im Krankenhaus verstorben.

Am 1. April 1930 erfolgte durch das Beerdigungsinstitut Westend die Aufbahrung in der Ephipanienkirche in Berlin. Nach der Überführung des Sarges auf den Südwestkirchhof Stahnsdorf, fand dort am 4. April 1930 um 15.15 Uhr die Beisetzung im Block Epiphanien, Gartenblock I, Gartenstelle 81, statt.

Nach einer Schilderung von Toni Deneke habe „am Nachmittag das Kaiser-Wilhelm-Institut für Hirnforschung in Berlin-Buch" angerufen, und „sich im Namen seines Leiters, Prof. Dr. Vogt, das Gehirn zu wissenschaftlicher Forschung" erbeten. „Es war eine schwere Entscheidung. Seine Frau traf sie, bejahend. Aber es war ihr nicht zuzumuten, bei der Prozedur zugegen zu sein. Die gesetzliche Bestimmung forderte aber die Anwesenheit eines nahen Verwandten. So fuhr ich und die ältere Stieftochter Charlotte-Luise mit in die Stahnsdorfer Friedhofskapelle. Zwar daneben zu

Emil Krebs, um 1907

stehen, das brachte ich nicht über mich. Ich blieb im Nebenraum, bei offener Tür, und hörte die Hammerschläge und die Geräusche des Sägens. Es war nicht leicht. Alles musste bei Kerzenschein in dem düsteren Grabgewölbe vor sich gehen. Auf dem Rückwege schwankte das Gehirn in einem Eccicator-Glas in der Hand des wissenschaftlichen Assistenten vor mir her".

Emil Krebs erfuhr nach seinem Tod viele Würdigungen. Die „Vossische Zeitung" schrieb am 3. April 1930: „Die Öffentlichkeit weiß nicht viel von diesem Sprachenphänomen. Krebs war ein Sonderling. Wahrscheinlich musste er das sein, um die ganze Stärke der Persönlichkeit auf sein ureigenes Gebiet zu konzentrieren. Die Arbeit war ihm das Leben, nichts durfte ihn von ihr abhalten. So trug dieser im Herzen weiche, anlehnungsbedürftige Mensch nach außen ein schroffes, wortkarges, ungeselliges Wesen zur Schau.

Emil Krebs war keineswegs nur ein vollendeter Techniker in der Beherrschung fremder Sprachen, der bedeutendste China-Dolmetscher, den das Auswärtige Amt besessen hat, ein Sprachgenie, das weit alle früheren Berühmtheiten dieser Art übertraf, er war bei seiner Zurückgezogenheit und Arbeitsintensität weiter geistig rege. Als Mann tiefsten Wissens nicht nur auf dem Gebiet fremder Sprachen, sondern auch als Kenner der Kulturen jener Völker und Volksstämme, deren Sprachen er sich angeeignet hatte, wäre er sehr wohl in der Lage gewesen, einen bedeutenden Platz in der Wissenschaft auszufüllen."

In der „Ostasiatischen Rundschau" vom 16. April 1930, der Zeitschrift für den Fernen Osten, würdigte der Sinologe Ferdinand Lessing (1882-1961) den Verstorbenen: „Was man auch immer für ungünstige Erfahrungen mit den ‚Mezzofantis' gemacht haben mochte, die alle Sprachen, aber keine gründlich lernen, das strafte diese wunderbare Begabung Lügen. Ein fast unfehlbares Gedächtnis für Abstraktes und Konkretes, für Klänge, Schriftzeichen und Wortbilder, eine stets geistesgegenwärtige Kombinationsgabe, ein scharfes Ohr, ein überaus feines geistig-seelisches Tastvermögen, sicheres Stilgefühl, lebhafte Sprachphantasie und scharfer Verstand, geschichtlicher Takt und eine eiserne Arbeitskraft, dazu eine ungeheure äußere und innere Selbstzucht, die seinem Körper gegenüber allerdings bis zur Tyrannei ging, seinem Geiste wiederum alles unnötig Belastende fernhielt, das alles prägte eine Persönlichkeit von unerhörter Eigenart und Einmaligkeit.

So konnte er nicht nur seinen Vorsatz, alle am Seminar für Orientalische Sprachen vertretenen Sprachen zu lernen, wahr machen: im Laufe der nicht ganz 63 Jahre, die ihm Atropos zubilligte, hat er mehr Sprachen eingehender betrieben, als er Jahre zählte, also mehr als das italienische Sprachwunder Mezzofanti (1774-1849); nimmt man die, die ihn vorübergehend angezogen haben, hinzu, so mag ihre Zahl das Hundert übersteigen.

Drei Erdteile, Europa, Asien und Afrika redeten so zu ihm in ihren eigenen Zungen, und in unserem Erdteil wurde er ihrer aller mächtig, selbst so entlegener und schwieriger Sprachen wie Baskisch und Georgisch, die er in kürzester Zeit erlernte, und zwar alle als Sprachgelehrter und Praktiker zugleich, indem er ihren lautlichen, grammatischen und stilistischen Gesetzen dieselbe Liebe zuwandte wie ihrem Wortschatz nebst seiner lautlichen und geschichtlichen Entwicklung und ihrer Idiomatik. So lernte er nicht nur Russisch, sondern Altslawisch und die modernen slawischen Sprachen, nicht nur die chinesische Umgangssprache, sondern die Schriftsprache dazu in ihren verschiedenen Entwicklungsstadien und die sämtlichen Verwandten dieser Sprachen, soweit sie ihm durch Veröffentlichungen zugänglich waren. Was selbst in gut begabten Köpfen zu einem Chaos sich verwirrt, die Kenntnis nahe verwandter Sprachen und Dialekte, das blieb in seinem wohldisziplinierten Geist scharf gesondert ...

Sich selbst aber und seiner Umwelt stand dieser kernhafte deutsche Mann – ein Kennzeichen des wahren Genies – naiv gegenüber. Er nahm seine Begabung nicht wichtig genug, um sie als Verpflichtung zu fühlen, und so wird er der Nachwelt entrückt sein, wie er einem größeren Kreise von Mitlebenden leider fremd geblieben ist. Die aber, die er seines Umgangs würdigte, stehen am Grabe dieses rauschaligen, oft unbequemen und dabei doch grundehrlichen und bescheidenen, zu früh verstorbenen Freundes und sprechen mit Kung-dsi: ‚Wenn ich nicht um ihn klagen soll, um wen dann?'"

Bearbeitet von Peter Hahn

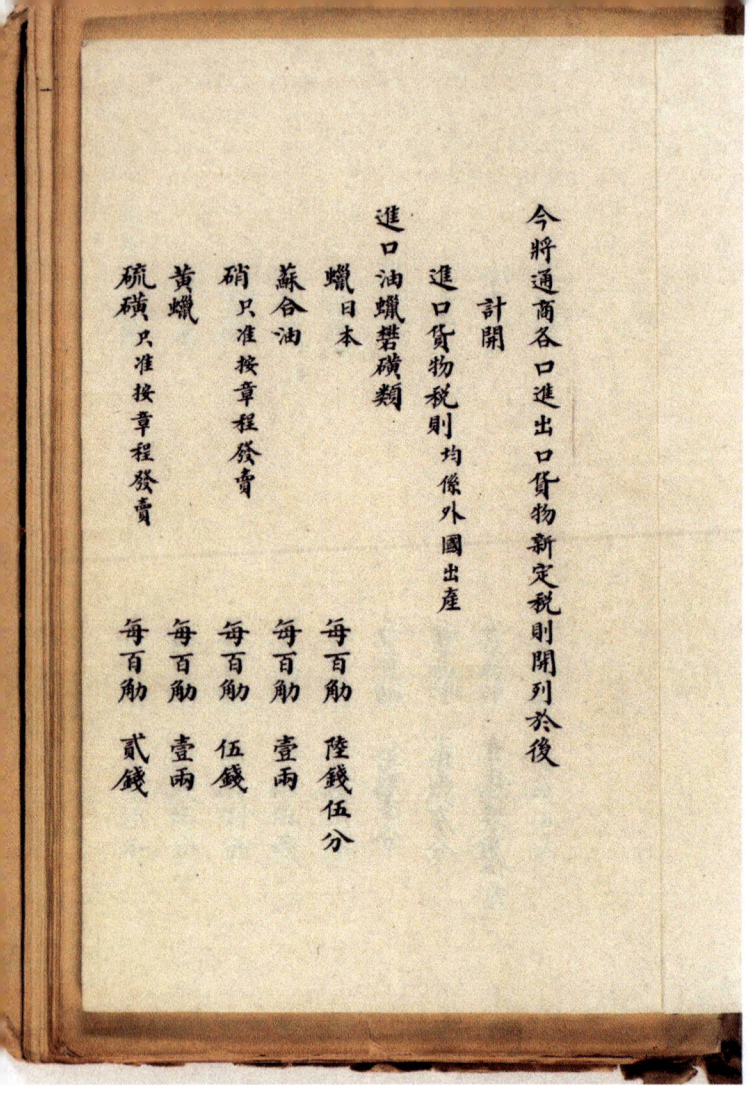

今將通商各口進出口貨物新定稅則開列於後

進口貨物稅則均係外國出產

計開

進口油蠟碏磺類

蠟日本　　　　　　　每百觔　陸錢伍分

蘇合油　　　　　　　每百觔　壹兩

硝只准按章程發賣　　每百觔　伍錢

黃蠟　　　　　　　　每百觔　壹兩

硫磺只准按章程發賣　每百觔　貳錢

Chinesisches Titelblatt des deutsch-chinesischen Vertrages von 1861. Quelle: Politisches Archiv Auswärtiges Amt

Über das Chinesisch Lernen
Emil Krebs, 1918 (Auszug)

Ist das Chinesische wirklich schwer? Gewiss! Die Geschäfts- und Amtssprache ist bei dem geschäftlich nüchtern denkenden chinesischen Volke zum Glück einfach geblieben, ohne Schwulst. Dasselbe gilt von der Umgangssprache. Die Höflichkeitsfloskeln werden einfach als Vokabeln auswendig gelernt. Zudem kennt das Chinesische keine Wortbiegung (Flexion), keine Deklination, keine Konjugation, also auch keine unregelmäßigen Verben ...

Wer z. B. Finnisch oder das Konjugationssystem des Georgischen kennt, wird diesen Umstand zu würdigen wissen. Selbst das Japanische, das nach der falschen Einbildung vieler Laien häufig mit dem Chinesischen zusammengestellt wird, weil es chinesische Schriftzeichen verwendet, während es in der Tat einer anderen Sprachfamilie angehört, ist ungleich komplizierter, und es ist viel schwieriger, gut Japanisch zu sprechen als gut Chinesisch ...

Natürlich bedeutet diese Flexionslosigkeit nun nicht, dass das Chinesische keine Grammatik habe, wie meines Wissens früher sogar von Gelehrten behauptet worden ist. Sprache und Grammatiklosigkeit sind innere Widersprüche: jede Sprache hat ihre eigentümliche Grammatik, nur besteht diese im Chinesischen nicht in Flexionen, sondern in Stellungsgesetzen und grammatischen Hilfswörtchen, deren richtige Anwendung aus den Wörtern Sätze macht. Ihre Zahl ist nicht sehr groß, und ihr Erlernen bietet kaum Schwierigkeit. Man braucht also, um Chinesisch zu sprechen und verstehen zu können, nur diese Stellungsgesetze, die paar grammatischen Hilfswörter und eine Anzahl Vokabeln und Redensarten zu erlernen ...

Aus dem bisher Gesagten ist bereits klar geworden, dass ich beim Studium des Chinesischen für praktische Zwecke unbedingt auch die Schrift einbegriffen wissen will. Selbstverständlich genügt es für den Hausgebrauch eine Anzahl Vokabeln zu wissen, mit deren Hilfe man sich, auch ohne grammatisch richtige Sätze zu bilden, verständlich macht. Hierzu bedarf es keines Studiums; den nötigen Wortschatz liefert das tägliche Leben ganz von selbst. Leute, die eine gewisse Sprachbegabung mitbringen, können mit diesen Mitteln sogar Unterhaltungen führen ...

Gewiss sind es für viele gerade die chinesischen Schriftzeichen, die abschreckend wirken. Die Scheu wird aber schwinden, wenn man erfährt, dass auch die kompliziertesten sich auf einfache Bestandteile zurückführen lassen. Zwar ist die Zahl gewaltig groß, aber zur Beruhigung mag dienen, dass es wohl keinen einzigen Chinesen gibt, auch unter den gelehrtesten nicht, der die sämtlichen chinesischen Schriftzeichen kennt; dass viele darunter veraltet sind und dass, sollte ich meinen, eine Kenntnis von 2000 bis 3000 für unsere Zwecke vollkommen ausreichend sein dürfte und auch bei täglichem Fleiß in nicht zu langer Zeit zu erwerben ist ...

Schließlich genügt es, eine gewisse Anzahl chinesischer Zeichen zu kennen und zu verstehen, auch ohne sie selbst schreiben zu können, wenn letzteres auch sehr erwünscht ist, schon aus praktischen Gründen, um im Laufe einer schwierigen Unterhaltung dem Verständnis hin und wieder nachzuhelfen. Allerdings gehört dazu dauernde Übung im Schreiben. Ich pflegte es so zu machen, dass ich chinesische Texte transkribierte und später die Umschrift in chinesische Zeichen zurück übertrug. Diese Art der Übung kann ich sehr empfehlen. Es wird natürlich nicht ausbleiben, dass hin und wieder trotzdem einmal ein Schriftzeichen einem zwar im Geiste vorschwebt, man es aber dennoch nicht im gegebenen Augenblick zu Papier bringen kann. Für solche Fälle pflegte ich eins der kleinen nach der Aussprache alphabetisch angeordneten Glossarien, besonders den kleinen Goodrich, bei mir zu führen, der für solche Zwecke ausgezeichnete Dienste leistet. Als Schreibmaterial dient am besten der Bleistift. Das Schreiben mit dem Pinsel nach der chinesischen Kalligraphie ist eine besondere Kunst, die viel Zeit und Mühe erfordert, für unsere praktischen Zwecke jedoch nicht notwendig ist ...

Wer nicht nur Chinesisch lesen, sondern auch sprechen und verstehen will, wird am Anfang der Unterstützung durch einen Eingeborenen nicht entraten können der Aussprache wegen. Das Chinesische besitzt keine für unsere Sprachorgane schwierige Laute; immerhin lässt sich bekanntlich die richtige Aussprache der Wörter einer fremden Sprache auch durch die genaueste Erklärung in Büchern nicht anschaulich machen. Beim Chinesischen kommt hinzu noch die Stimmodulation der Töne, deren das Hochchinesische in Peking vier besitzt. Es ist unmöglich, sie aus schriftlicher Anleitung zu lernen. Mancher lernt sie auch trotz täglichen Hörens von Eingeborenen nach Jahren nicht. Hat man aber ihr Wesen einmal richtig erfasst, ist ihre Anwendung leicht. Will es aber jemandem gar nicht gelingen, dann braucht er deshalb nicht den Mut zu verlieren. Denn zum Verständnis sind sie nicht erforderlich, und wo sie es sind, kann der ohne Ton Sprechende einem Missverständnis durch eine umschreibende Erklärung vorbeugen. Die richtige Anwendung der Töne gehört aber zur guten Aussprache ...

Die Stellungsgesetze im Chinesischen gelten sowohl für die geschriebene wie für die gesprochene Sprache. Aber die grammatischen Hilfswörter sind für beide verschieden. Doch ist der Unterschied zwischen beiden Sprachen bei weitem nicht so groß wie z.B. im Japanischen, wo beide Sprachen sogar ganz verschiedene Konjugationen haben. Auch gehen heutzutage im Chinesischen beide zuweilen dermaßen ineinander über, dass eine strenge Grenzlinie nicht gezogen werden kann und man mit einem Beamten über amtliche Dinge unbedenklich so sprechen kann, wie man ein amtliches Schriftstück abfassen würde; sogar die Hilfswörter der Schriftsprache kann man da anwenden. Beide Sprachen haben sich im modernen Chinesisch sehr einander angenähert. Ein Vorzug der Sprache ist ihre einfache Klarheit ...

Die Privatbibliothek von Emil Krebs in Berlin-Charlottenburg

Die Privatbibliothek von Emil Krebs
Eckhard Hoffmann

Nach dem Tod von Emil Krebs erstellten Frau Amande und ihre Schwester Toni Deneke 1930 eine Inventarliste der privaten Bibliothek. Da sich die Witwe nun räumlich und finanziell einschränken musste, bot sie die Sammlung 1931/32 verschiedenen Interessenten zum Kauf an. Letztendlich erfolgte die Veräußerung an die Library of Congress Washington DC. Laut Vereinbarung durfte die „Bibliothek Krebs" nach einer Übergangszeit als Ganzes aufgelöst werden. Die Übergabe erfolgte 1932. Wegen der besonderen Wertigkeit kamen 236 chinesische Titel in 1620 Einzelschriften in das Raritäten-Kabinett im Jefferson Building (The development of the Chinese Collection in the Library of Congress).

Die Liste von 1930 veranlasste mich fast achtzig Jahre später zu einer Analyse des Bibliotheksbestandes. Im Hinblick auf den Umfang stellte ich deutliche Abweichungen fest. Da in meiner Auflistung auch Zeitungen und Zeitschriften berücksichtigt wurden, ergaben sich insgesamt 3013 Inventarposten mit 5673 Schriften und Büchern – geordnet nach Sprachen mit Angaben zu Inhalt, Autor, Auflagejahr, Bezugsquelle, Seitenzahl und zusätzlichen Angaben.

Ich kam zu dem Ergebnis, dass Emil Krebs eine in der sprachlichen Zusammensetzung herausragende Bibliothek besessen hatte. Sie umfasste Wörterbücher, Grammatiken, Schulbücher, Fibeln, Chrestomathien, Sprachführer, Romane, Erzählungen, religiöse und wissenschaftliche Schriften, Übersetzungen, Fachbücher, Volkslieder, Gedichte, Zeitungen und Zeitschriften in insgesamt 111 Sprachen sowie einigen Dialekten.

Deutlich wurde, dass er die Sammlung stetig erweitert hatte. Seine Anschaffungen lassen sich anhand der Aufzeichnungen nachvollziehen. In einem ersten Schritt besorgte er sich ein Wörter- und Grammatikbuch. Danach vertiefte er sein Studium über den Erwerb von Literatur – Erzählungen, Gedichte, Schauspiele, Kalender, Zeitschriften, religiöse Schriften. Erkennen lässt sich, dass er sich auch mit Sprachen beschäftigte, die für seine dienstliche Arbeit nicht von Belang waren.

Die Inventarliste ist alphabetisch geordnet. Sie beginnt mit „A" für Aegyptisch und endet mit „Z" – Zigeunersprache. Die Bestände weisen Erwerbungen zu den Bereichen Jura, Mathematik, Geographie, Naturwissenschaften, Kosmos, Gesellschaft der Naturfreunde, Philosophie, Natur, Geisteswelt, Geschichte, Kunstgeschichte, Literatur, Volkswirtschaft und Politik auf.

Um seine Interessen zu verdeutlichen, seien nachstehend einige Bereiche beispielhaft dargestellt: Bis 1925 erwarb er aktuelle Gesetzesbücher, darunter Bände in Französisch und Englisch über internationales Recht, europäisches Völkerrecht sowie deutsche Rechtsfragen. Mathematische Lehrbücher wurden über Jahre konsequent angeschafft: Die letzten Erwerbungen stammen aus den Jahren 1924 bis 1926: „Geburt der modernen Mathematik", „Analytische Geometrie", „Infinitesimalrechnung", „Diophantische Gleichungen", „Trigonometrie" und „Stereometrie".

Die Naturwissenschaften sind vertreten mit Theoretischer Biologie, Synopsis der Pflanzenkunde, Anthropogenie, Galilei und das Universum sowie Kopernikus und das neue Weltsystem. Sie wurden zwischen 1878 und 1925 erworben. Da Krebs ursprünglich Philosophie und Theologie studieren wollte, fanden sich aus dieser Zeit Veröffentlichungen wie „Abriss der Geschichte der Philosophie", „Die konventionellen Lügen der Kulturmenschheit", „Platon, Leben und Werke", „Hegel, Sein Leben und sein Wirken", „Kant: Kritik der reinen Vernunft" sowie „Grundriss der Geschichte der Philosophie aus den verschiedenen Zeiten".

Aufschlussreich für seine Interessen sind die Titel „Naturwissenschaften und Mathematik im Altertum", Germanische Mythologie" und „Grundriss der Kunstgeschichte". Bücher über deutsche, griechische, orientalische, römische und christliche Literaturgeschichte des Orients vervollständigen die Sammlung.

Publikationen zur Sprachwissenschaft finden sich aus den Jahren 1886 bis 1928, wobei die Zeit von 1900 bis 1910 einen Schwerpunkt bildet: „Die Haupttypen des Sprachbaus" von Franz Nikolaus Finck, „Die Sprachwissenschaft, ihre Aufgaben, Methoden und bisherigen Ergebnisse" von Georg von der Gabelentz, „Indogermanische Sprachwissenschaft" von Rudolf Meringer, „Geschichte der lateinischen Sprache" von Friedrich Stolz, „Vorlesungen über die Prinzipien der vergleichenden Sprachforschung" von William D. Whitney, „Etymologisches Wörterbuch der slavischen Sprachen" von Franz Miklosich, „Chinas's place in Philology" von Joseph Edkins, „Romanische Sprachwissenschaft" von Heinrich Zimmer, „Uralaltaische Völker und Sprachen" von Heinrich Winkler, auch das „Wörterbuch der kaufmännischen Korrespondenz in deutscher, französischer, englischer, italienischer und spanischer Sprache" von Otto Kistner oder „Revue Internationale d' Ethnologie de Linguistique" von Anthropos.

Im Bestand war auch „Die Geschichte der Stenographie" von Georg Mentz. In diesem Zusammenhang sei darauf hingewiesen, dass Krebs sich eine eigene, von ihm entworfene Stenographie, zugelegt hatte, die er auch anwandte, gewissermaßen eine „persönliche „Dolmetscher-Kurzschrift".

Bei über 50 Prozent aller aufgeführten Fremdsprachtitel erscheinen religiöse Schriften, fast immer das „Neue Testament" in der jeweiligen Landessprache. Es ist wohl zu unterstellen, dass er gerade über diese Texte sein Sprachvermögen nach dem Studium der Wörterbücher und Grammatiken intensiv „trainierte" und „abrundete".

Für das Erlernen einer Fremdsprache spielte die Muttersprache Deutsch nicht immer eine entscheidende Rolle. In vielen Fällen hat er eine von ihm beherrschte Drittsprache hinzugezogen. Dies spiegelt sich in Wörterbüchern, Grammatiken und der schöngeistigen Literatur wider. Sprachen, die er ausschließlich oder überwiegend über Drittsprachen erlernt hat, sind Baskisch, Birmanisch, Burjätisch, Gujarati, Hindi, Irisch, Javanisch, Koreanisch, Puschtu (Afghanisch), Siamesisch, Singhalesisch, Tatarisch, Tibetisch und Ukrainisch. Ansonsten war die deutsche Sprache immer im Lernstoff enthalten. Zum Erlernen und Vertiefen einer neuen Sprache stützte sich Krebs neben Deutsch auf Englisch, Französisch, Russisch, Chinesisch, Griechisch, Italienisch, Türkisch, Latein, Spanisch, Arabisch und Niederländisch. Sein Sprachstudium, vor allen Dingen sein Einstieg, wurde in vielen Fällen von Schulbüchern des jeweiligen Landes und von Selbstlernunterlagen begleitet. Zur Verdeutlichung des hinzugezogenen Materials seien zwei Beispiele genannt:

Arabisch: Eingesetzte Sprachen neben Deutsch und Arabisch waren Französisch, Türkisch (auch Urdu), Chinesisch, Persisch und Englisch. An Lehrbüchern gab es Grammatiken sowie Lehrbücher in Arabisch, Französisch, Englisch, Türkisch. Zum Literaturstudium gehörten Koran, Koranfragment umfassend die ganze Sutra 18 in großer deutlicher Nasxi von chinesischem Duktus, Die

Welt des Islam (Arabisch, Türkisch, Urdu) sowie weitere Schriften über den Islam und das Neue Testament in Arabisch.

Türkisch: Eingesetzte Sprachen neben Deutsch und Türkisch waren Französisch, Arabisch, Neugriechisch und Persisch. An Lehrbücher waren vorhanden: Wörter- und Grammatikbücher, türkische Schönschreibhefte mit den einzelnen Formeln der Vokale, Konsonanten, der Abhängigkeiten der Buchstaben usw. An Literatur gab es die Geschichte des osmanischen Reiches, Gesamtwerk über politische und literarische Abhandlungen, Geschichte der Türkei, Vergleichstabellen der mohammedanischen und christlichen Zeitrechnung, Entwicklung des osmanischen Verfassungsstaates, religiöse Schriften in Usbekisch–Türkisch und Azerbaijanisch–Türkisch sowie Zeitungen und Zeitschriften.

Wesentliche Teile der Bibliothek stammen aus dem 19. und 20. Jahrhundert. Lediglich aus dem asiatischen Bereich befinden sich Schriften aus früheren Zeiten, hier naturgemäß auch viele Handschriften und kostbare Prachtausgaben, die teilweise Geschenke des chinesischen Kaiserhauses waren.

Krebs hat seine Literatur von Verlagen aus vielen Ländern bezogen. Am häufigsten werden genannt: Wien, Budapest, Paris, Peking, Shanghai, Tokio, St. Petersburg, Berlin, Leipzig, Heidelberg, London, Konstantinopel. Die deutschen Verlage sind umfangreich vertreten, der Verlag Hartleben mit 53 Sprachen, überwiegend Schriften zur Grammatik, für den Selbstunterricht und Wörterbücher. Immer wieder findet man auch den Hinweis zur Sammlung Goeschen, zu den Verlagen de Gruyter (22 Sprachen) und Brockhaus (10 Sprachen). Von Langenscheidt existieren Bücher in 33 Sprachen aus den Jahren 1882 bis 1929, darunter die 13. Auflage von Sachs-Vilette für Französisch sowie die Unterrichtsbriefe nach der Methode von Toussaint. Vom Seminar für Orientalische Sprachen in Berlin stammen Schriften aus den Jahren 1929 und 1930.

Die Vielfalt seiner Literatursammlung und die sich hieraus ergebenden vielschichtigen Interessen über die Sprachen hinaus lassen sich durch ein Studium der hinterlassenen Inventuraufzeichnung ermessen und würdigen. Die hier erstmals veröffentlichte kleine Analyse der „Bibliothek Krebs", seine handschriftlichen Auflistungen aus der Personalakte des Auswärtigen Amts und die unmittelbar nach seinem Tod erfolgte Befragung von Amande Krebs durch Dr. Eberhard Zwirner vom „Cécile und Oskar Vogt-Institut" lassen erkennen, mit welchen Sprachen er sich beschäftigte, welche Literatur zum Lernen und Vervollständigen er bevorzugte, in welchem Umfang und in welche Tiefe er einstieg, über welche Sprachen er eine neue studierte und natürlich auch, mit welchen Sprachen sich Krebs ausführlich beschäftigt hatte.

Seine Aufstellung zu den von ihm für korrekte Übersetzungen ins Deutsche beherrschte Sprachen aus dem Jahr 1922 dürfte sich mit aller Wahrscheinlichkeit bis zu seinem Tode um einige Sprachen erweitert haben. Somit ergibt sich eine Gesamtzahl von 44 Sprachen: Albanisch, Arabisch, Böhmisch, Bulgarisch, Chinesisch, Dänisch, Englisch, Finnisch, Französisch, Georgisch, Hebräisch, Holländisch, Irisch, Isländisch, Italienisch, Japanisch, Javanisch, Koreanisch, Latein, Lettisch, Litauisch, Malaiisch, Mandschurisch, Mongolisch, Neugriechisch, Norwegisch, Ostarmenisch, Persisch, Polnisch, Portugiesisch, Rumänisch, Russisch, Sanskrit, Schwedisch, Siamesisch, Serbisch, Spanisch, Syrisch, Tibetisch, Türkisch, Ukrainisch, Ungarisch, Urdu sowie Westarmenisch.

Berücksichtigt man die fremdsprachige Bibliothek, dann könnte davon ausgegangen werden, dass Krebs darüber hinaus in folgenden Sprachen kommunizieren konnte: Ägyptisch, Baskisch, Birmanisch, Estnisch, Gälisch, Gujarati, Hindi, Kalmückisch, Katalanisch, Koptisch, Kroatisch, Neuarabisch, Neuhebräisch, Panjabi, Pali, Puschtu, Samoanisch, Serbo-Kroatisch, Slowakisch, Slowenisch, Suaheli, Tatarisch und als Besonderheit die Keilschriftsprachen Assyrisch, Babylonisch und Sumerisch.

Bearbeitet von Peter Hahn

Alphabetisch nach Sprachen geordnet, diese in sich möglichst
nach Inhalt (Wörterbücher, Grammatiken, Chrestomathien,
Sprachführer, Literatur in der Sprache und Literatur über
das Land).

2870 Nummern

in annähernd dreieinhalbtausend Bänden.

Irrtum vorbehalten.

I n h a l t s v e r z e i c h n i s :

Bibliothek Emil Krebs. Inventarliste aus dem Jahr 1930, Seite 1

Ful
Gaelisch, (Schottisch)
Georgisch
Goldisch
Griechisch
   Neugriechisch
Gujarati
Haussa
Herero
Hebräisch
   Neuhebräisch
Hindustani, (Urdu)
Hindi
Holländisch
   Kapholländisch
Irisch
   Altirisch
Isländisch
Italien
  a) Sprache
  b) Literatur
Japan
  a) Sprache
  b) Literatur
  c) Zeitschriften
Javanisch
Jiddisch
Juven
Kaffernsprache
   Zulukaffernsprache
Katalanisch
Keilschriftsprachen
   Sumerisch
   Assyrisch
   Babylonisch
   Der alte Orient
Koptisch
Koreanisch
Lateinisch
Lettisch
Litauisch
Malayisch
Mandschurisch
  a) Sprache
  b) Klassische Werke
    (siehe auch Chinesisch-
      Mandschurisch
Marokkanisch
Marschall-Insulaner-Sprache
Mongolisch, (siehe auch Chine-
   sisch-Mongolisch)
   Kalmückisch
   Ordoss
Nama
Norwegisch
Otyherero
(-------------------------)

Oshinedonga
Pali
Panjabi (Gurmukhi-Schrift)
Persisch
   Neupersisch
Phönikisch
Polnisch
Potugisisch
Puschtu (Afghanisch)
Rumänisch
Russland
  a) Sprache
  b) Literatur
Ruthenisch, (siehe Ukrainisch)
Samaritanisch
Samoanisch
Sanskrit
Schottisch, (siehe Gälisch)
Schwedisch
Serbisch
Serbo-Kroatisch
Siamesisch
   Siamesisch-Chinesisch
Singhalesisch
Slovakisch
Slovenisch
Spanisch
Suaheli
Sumorisch,(siehe Keilschrift-
        sprachen)
Syrisch
   Neusyrisch
Tamil (Tamulisch)
Tatarisch
Tocharisch
Tibetisch, (siehe auch Chine-
   sisch-Tibetisch
  a) Sprache
  b) Urtexte
Tschechisch
Türkei
  a) Sprache
  b) Literatur
  c) Geschichte
  d) Uebersetzungen
  e) Zeitschriften
Uzbek- Türkisch
Azerbaijan-Türkisch
Türkisch in armenischer Schrift
Uigurisch
Ukrainisch
Ungarisch
Vedisch
Wendisch
Wotjakisch
Zigeunersprache

Bibliothek Emil Krebs. Inventarliste aus dem Jahr 1930, Seite 2

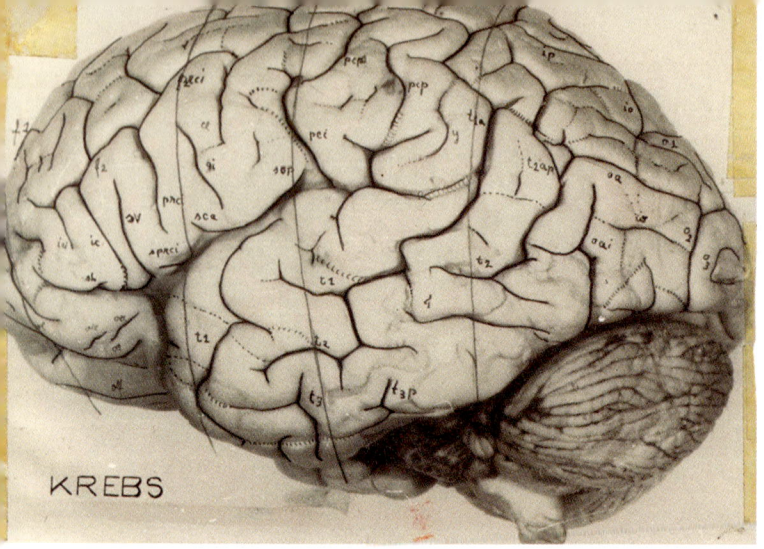

Seitenansicht des Gehirns (linke Hirnhälfte) von Emil Krebs mit
Beschriftung der Furchen und Windungen.
Quelle: C. und O. Vogt Archiv, C. und O. Vogt Institut für Hirnfor-
schung, Heinrich-Heine-Universität Düsseldorf

Das Gehirn eines Sprachgenies

Eine neurobiologische Annäherung

Katrin Amunts

„Die Aufdeckung des abweichenden Baus bestimmter Hirnteile als des anatomischen Ausdrucks der Über- oder Unterentwicklung einer Hirnfähigkeit bei einem gesunden Ausnahmemenschen" war für Oskar Vogt eine unverzichtbare Aufgabe der Hirnforschung, um besondere geistige Fähigkeiten als Ausdruck neurobiologischer Gegebenheiten verstehen und im Gehirn lokalisieren zu können.

21 Jahre nach dem Tod von Emil Krebs zeigt Vogt 1951 in der Publikation „Die anatomische Vertiefung der menschlichen Hirnlokalisation" ein Bild des Gehirns „eines Sprachtalents". Es handelt sich dabei um das Gehirn des Sprachgenies Emil Krebs. Vogt vergleicht es mit einem „Durchschnittsgehirn" und weist dabei nachdrücklich auf die besondere Entwicklung des Schläfenlappens im Gehirn des „Sprachtalents" hin. Dessen besondere Fähigkeiten hatten schon zu seinen Lebzeiten für Aufsehen gesorgt, und anlässlich seines Todes erschienen mehrere Nachrufe, u. a. in der „Berliner Illustrierten Zeitung" vom Mai 1931.

Die Lokalisation geistiger Fähigkeiten im Gehirn begann in der zweiten Hälfte des 19. Jahrhunderts mit der Beobachtung von Ausfallserscheinungen nach Schlaganfällen (Broca 1861, Wernicke 1871) oder auch traumatisch bedingter Zerstörungen. Diese Forschungen und die anatomischen und physiologischen Arbeiten von Cécile und Oskar Vogt, 1919 unter dem Titel „Allgemeine Ergebnisse unserer Hirnforschung" veröffentlicht, führten schließlich zu einer neurobiologisch begründeten Lokalisationslehre.

So kommt es z.B. bei einer Schädigung der Broca'schen Region in der linken, unteren Frontalwindung zu einem Verlust des Sprechens (motorische Aphasie). Die Unfähigkeit, gesprochene Worte zu verstehen (sensorische Aphasie) tritt dagegen bei einer Schä-

Kaiser Wilhelm Institut für Hirnforschung, Berlin-Buch.
Foto: C. und O. Vogt Archiv, C. und O. Vogt Institut für Hirnforschung, Heinrich-Heine-Universität Düsseldorf

digung der Wernicke Region im hinteren Teil des Schläfenlappens auf. Entsprechend wurden diese beiden Arten von Sprachstörungen als Broca'sche, bzw. Wernicke'sche Aphasie bezeichnet. Diese Beobachtungen führten dazu, dass Wernicke und Lichtheim ein neurobiologisches Modell von Sprache und der zugrundeliegenden Hirnregionen entwickelten, das erstmals eine systematische Analyse von Sprachprozessen und eine Vorhersage verschiedener Formen der Sprachstörung aufgrund der Läsionslokalisation ermöglichte (Lichtheim, 1885).

Die durch klinisch-anatomische Untersuchungen charakterisierten Hirnareale repräsentieren allerdings nur einen kleinen Teil der Hirnrinde. Sie ließen sich zudem nicht scharf von den weitaus größeren Gebieten, den sogenannten „stummen" Arealen, abgrenzen, wie schon Oskar Vogt anmerkte. Zudem wurden aus den Funktionsstörungen höchst unterschiedliche Schlussfolgerungen hinsichtlich der normalen Funktion der Hirnareale abgeleitet (Vogt, 1951). Vogt war überzeugt, dass Eigenschaften von

Nervenzellen wie Größe des Zellkörpers, Anzahl und Durchmesser der Fortsätze, aber auch die Anordnung der verschiedenen Zellen in den einzelnen Schichten der Hirnrinde für die Funktion des jeweiligen Gebietes ausschlaggebend sind. Um das Zusammenspiel dieser mikrostrukturellen Merkmale mit der Funktion zu verstehen, waren aus seiner Sicht klinische Beobachtungen und tierexperimentelle Studien nicht ausreichend, insbesondere dann nicht, wenn es um „Sonderfunktionen" ging, d.h. weit über das übliche Maß hinaus entwickelte Leistungen. Vogt meinte, dass Untersuchungen an Gehirnen von „Ausnahmemenschen" notwendig sind, eine Auffassung, die er mit vielen anderen Hirnforschern seiner Zeit teilte (Hagner, 2004).

Es verwundert also nicht, dass Oskar Vogt das Gehirn des Sprachgenies Emil Krebs studieren wollte. Die Vogts standen 1930, im Jahr von Krebs' Tod, kurz vor der Einweihung ihres neuen Kaiser Wilhelm Instituts für Hirnforschung in Berlin-Buch, dem damals weltweit modernsten und größten Hirnforschungsinstitut. Die interdisziplinäre Struktur des Instituts kann auch heute noch als vorbildhaft gelten. Das Institut verfügte über zwölf Abteilungen: Neuroanatomie, Neurohistologie, Elektrophysiologie, Neurochemie und Pharmakologie, Experimentelle Genetik, Humangenetik, Psychologie, Phonetik, Biophysik, Photographie und Reproduktion sowie Klinische Forschungen (Klatzo, 2002). Die Abteilung Phonetik wurde von Eberhard Zwirner geleitet, in dessen Obhut ein großer Teil der Recherchen zum Fall Krebs lag.

Um ein umfassendes Bild über die „Sonderfunktionen" beim Sprachgenie und deren neuronale Grundlagen zu erarbeiten, mussten für Vogt offensichtlich folgende Voraussetzungen gegeben sein: 1) Umfassende Analyse der Architektur der Nervenzellen und Nervenfasern in den sprachrelevanten Gebieten bei „durchschnittlichen" Gehirnen und im Gehirn des Sprachgenies, 2) eine möglichst genaue Aufklärung über die besonderen sprachlichen Fähigkeiten und das Erlernen von Fremdsprachen, die Persönlichkeit, mögliche neurologische Symptome, und den

Dr. Ludwig Riegele zeichnet ein Gehirn. Kaiser-Wilhelm Institut für Hirnforschung, um 1930. Foto: C. und O. Vogt Archiv, C. und O. Vogt Institut für Hirnforschung, Heinrich-Heine-Universität Düsseldorf

familiären Hintergrund des Sprachgenies – also das, was wir heute als ausführliche Anamnese mit Elementen einer neurolinguistischen Befundung bezeichnen würden.

Neben den Befunden zur Architektur der Nervenzellen (Zytoarchitektonik) von Korbinian Brodmann, der von 1901 bis 1910 bei den Vogts arbeitete und eine umfassende und heute noch immer weit genutzte zytoarchitektonische Karte der gesamten menschlichen Hirnrinde veröffentlichte (Zilles and Amunts, 2010), konzentrierten sich Cécile und Oskar Vogt auf die unterschiedliche Verteilung und Dichte der mit Myelin umhüllten Fortsätze der Nervenzellen (Myeloarchitektonik). Die Vogts konnten schon bald eine noch weit detailliertere Karte des Frontallappens (dem Ort des Broca'schen Sprachzentrums) als Brodmann (1909) vorgelegen (Vogt and Vogt, 1919). Die hierin vorgeschlagene Gliederung wurde durch eine spätere zytoarchitektonische Untersuchung durch Riegele sowie eine vergleichende myeloarchitektonische Studie (Strasburger, 1938) ergänzt. Beck (1930) leistete einen vergleichbaren Beitrag für den Bereich des hinteren, sensorischen Sprachzentrums (Wernicke-Region), auch wenn hier eine umfassende Karte erst durch Hopf (Hopf, 1954) publiziert wurde. Die meisten dieser Arbeiten sind heute weitgehend in Vergessenheit geraten; sie sind aufgrund der vielen, neu eingeführten und sehr umständlichen lateinischen Begriffe zur Beschreibung der Architektur der Hirnrinde nicht eben einfach zu lesen. Zudem hat das weitgehende Fehlen von quantitativen und damit reproduzierbaren Kriterien für die Bestimmung von Arealgrenzen die oft sehr detaillierten Befunde der Vogt'schen Schule in den Folgejahren einer harschen Kritik ausgesetzt (Bailey and von Bonin, 1951).

Noch schwieriger war es für Vogt, die zweite Voraussetzung zu erfüllen, d.h. sich ein genaues Bild über die sprachlichen und anderen kognitiven Fähigkeiten des Legationsrates Emil Krebs zu machen. Dazu gehörte es auch den familiären Hintergrund zu klären, um Informationen über eventuelle genetische Vorausset-

zungen zu ermitteln. Vogt war sich der Bedeutung der Genetik für das Verständnis der Funktionsweise des Gehirns durchaus bewusst und die Aufklärung der Genealogie war eine Möglichkeit, dem näher zu kommen. Letztlich schien es auch notwendig, mehr über die Methoden zu wissen, mit denen sich Krebs mehr als 60 Sprachen angeeignet hatte, um etwas über seine kognitive Strategien zu erfahren. Von Eberhard Zwirner, Leiter der Phonetik im Kaiser Wilhelm Institut, sind Teile einer umfangreichen Korrespondenz erhalten, in denen er versuchte, über die Einträge in den Tauf- und Sterberegistern der Eltern und Großeltern von Emil Krebs Verwandschaftsbeziehungen aufzuklären, Kirchenbücher und Ahnentafeln zu durchsuchen, Todesursachen der Verwandten von Krebs zu erkunden und mögliche besondere Begabungen bei anderen Familienmitgliedern in Erfahrung zu bringen. Außerdem wurden Schriftproben untersucht, die Arbeitsweise und das Erlernen von Fremdsprachen des Legationsrates soweit wie möglich analysiert und ehemalige Lehrer befragt.

Hier ein Auszug aus einem Interview (Originale Schreibweise übernommen, nicht datiert) mit der Witwe Amande Krebs:

Entspricht der Inhalt des Artikels „1 Kopf und 100 Zungen" aus der „Berliner Illustrierten Zeitung" No. 22 vom 31. Mai 1930 den Tatsachen?

Ja.

Ist darin nichts übertrieben?

Nichts Wesentliches. Von demotisch weiss ich nichts. Manches konnte mein Mann besser als anderes.

Wieviel Sprachen sprach Ihr Herr Gemahl?

68 Sprachen.

Wieviele Dialekte?

Weiss ich nicht.

Wieviele Sprachen las er ohne sie zu sprechen?

Er hat sich mit über 100 Sprachen beschäftigt. Wenn er Sprachen lernte, wollte er sie lesen, schreiben und sprechen. Er repetierte sie, um sie gegenwärtig zu haben.

Der Mediziner und Phonetiker Eberhard Zwirner (1899-1984) war seit 1928 Abteilungsleiter am Kaiser-Wilhelm-Institut für Hirnforschung in Berlin. 1932 gründete er das Deutsche Spracharchiv. 1940 wurde er Direktor des Instituts für Phonometrie der Kaiser-Wilhelm-Gesellschaft. Zwirner gehört zu jenen Wissenschaftlern, die für ein sprachliches Phänomen ein mathematisch formuliertes Gesetz entwickelt haben. Foto: Archiv Max-Planck-Gesellschaft, Berlin-Dahlem

Hatte er ein gutes Gedächtnis?

Ein außerordentlich gutes.

Auch a) für Namen?

Ja.

b) für Zahlen?

Ja.

c) Physionomien? -

d) Dinge des gewöhnlichen Lebens?

Soweit sie ihn interessierten.

e) Kunstgegenstände?

Wenig.

f) für Geschehnisse?

Ja. Mein Mann konnte ausschalten, was er nicht wissen und behalten wollte. Diszipliniertes Gehirn.

War sein Gedächtnis? a) visuell, b) auditiv

Beides.

Motorisch?

Weiss nicht.

Bot sein Gedächtnis eine Mischung von a,b,c? -

Hatte er ein gutes Gedächtnis?

Ein außerordentlich gutes.

War jemand unter seinen Grosseltern, Eltern, Tanten, Onkeln, Basen, Vettern, Nichten, Neffen sprachbegabt?

Nein. (handschriftliche Ergänzung: Ein Neffe ist sprachbegabt.)

Sind Ihre Kinder sprachbegabt?

Mein Mann hatte keine Kinder.

Haben gn. Frau durch seine spezifische Methode irgendeine Fremdsprache leichter erlernt? – Welche Methode? - Welche Sprachen? -

Nein. Ich versuchte, Chinesisch bei ihm zu lernen, gab es aber nach 2 Stunden wieder auf. Abstand zu gross.

Zeigte er Interesse auch für anderes als Sprachen?

Ja.

Cécile Vogt (1875-1962)
Foto: Archiv Max-Planck-Gesellschaft, Berlin-Dahlem

Oskar Vogt (1870-1959)
Foto: Archiv Max-Planck-Gesellschaft, Berlin-Dahlem

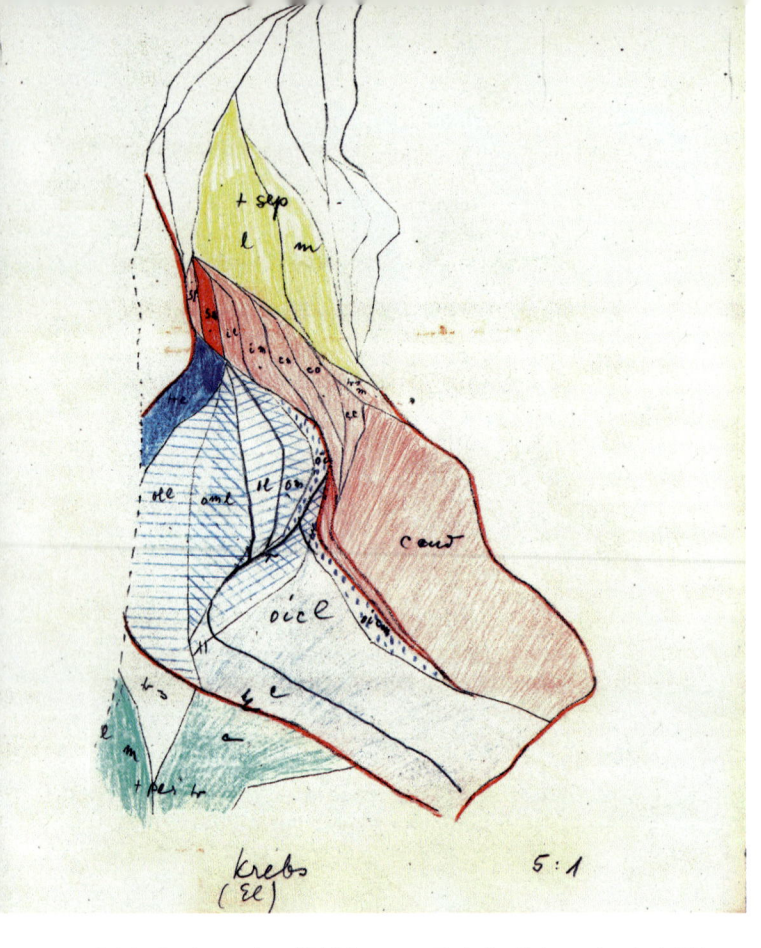

Originalvorlage einer Abbildung aus Beheim-Schwarzbach, 1975
(dort Abb. 2a, Seite 762). Dargestellt ist eine zytoarchitektonische
Karte der linken Dorsalfläche (Oberfläche der oberen Temporalwindung) mit den darin identifizierten Arealen.
Quelle: C. und O. Vogt Archiv, C. und O. Vogt Institut für Hirnforschung, Heinrich-Heine-Universität Düsseldorf

Für Mathematik?

Sehr begabt. War bereits in Prima vom Unterricht dispensiert. Kaufte auch noch in neuerer Zeit Mathematikbücher.

Für Geschichte?

Ja.

Für Naturwissenschaften?

Ja.

Für Philosophie?

Ja.

Für Jus?

Ja. Examen gemacht, schon als Referendar am Kammergericht sehr geschätzt.

Für Ethnologie und Ethnographie?

Ja.

Für Literatur?

Ja.

Für Sonstiges?

China ganz besonders. Keine Interessen für Technisches und Sport.

Welche Bücher und Abhandlungen hat er geschrieben?

Chinesisches Schattenspiele in gutes Chinesisch gebracht und übersetzt. (Von Grube angefangen) In Yentschoufu und München herausgekommen. Über das Chinesisch Lernen. Chinaarchiv, Februar 1918. Chinas innere und äußere Politik. Neuer Orient, März 1923. Die politische Karikatur in China. Friedrich Hirt Festschrift der Ostasiatischen Zeitschrift. Kleinere Artikel und Übersetzungen. Zum Schreiben hatte er wenig Zeit, weil er am Auswärtigen Amt sehr viel zu tun hatte und privatim immer Sprachen repetierte und neu lernte. Vielleicht interessierte es ihn auch nicht genug selbst zu schreiben.

Las er viel?

Immer und alles.

Wer waren seine Lieblingsschriftsteller?

Ich weiss nur Wilhelm Busch.

Welche Sprachen hielt er für die Schönsten? –

Wie lernte er Sprachen? Aus Grammatik, also methodisch?

Dr. E. Zwirner.

Frau Reg. Rat Krebs.

Sehr verehrte, gnädige Frau !

Im Auftrag von Herrn Professor Vogt erlaube ich
mir, Sie zu fragen, ob Herr Dr. Riegele und ich, gelegentlich
von Ihrem liebenswürdigen Angebot Gebrauch machen dürfen, uns
die umfangreiche Bibliothek Ihres Gatten anzusehen. Sehr gern
würde ich auch Sie, sehr verehrte, gnädige Frau, noch um einige Auskünfte bitten, wenn Sie erlauben, dass ich Sie demnächst
einmal aufsuche. Ich wäre Ihnen sehr dankbar, wenn Sie die
Freundlichkeit hätten, mir telephonisch einen Tag zu nennen,
an dem Ihnen ein Besuch passen würde.

Mit verbindlichstem Dank bin ich, sehr verehrte,
gnädige Frau,

Ihr Ihnen sehr ergebener

Dr. Eberhard Zwirner am 9. Mai 1930 an Frau Amande Krebs. Quelle: C. und O. Vogt Archiv, C. und O. Vogt Institut für Hirnforschung,
Heinrich-Heine-Universität Düsseldorf

Ja. Grammatik, Sprachführer, Fibeln der Schulkinder des Landes.
Oder fing er gleich mit Lektüre mit Lexikon an?

Wenn er nichts anderes hatte, dann aber liess er sich die Grammatiken kommen und zur Übung Romane, Chrestomathien, schrieb Vokabeln aus, lief um den Tisch und lernte sie dabei auswendig.

Übte er eine erlernte oder halb erlernte Sprache mit Individuen, die jene Sprache kannten?

Er war glücklich, wenn er diese zum Sprechen fand, aber erst nachdem er die Sprache erlernt hatte.

Nahm er mnemotechnische Hilfsmittel in Anspruch? – – –

Dieses Interview gibt einen ersten Eindruck der Persönlichkeit von Emil Krebs; es gestaltete sich aber nach wie vor äußerst schwierig, den ehrgeizigen Anspruch Vogts auf eine umfassende Anamnese und Lokalisation der besonderen sprachlichen Leistungen im Gehirn umzusetzen.

Zwirner schrieb am 25. November 1930 an Frau Krebs: „Sehr verehrte gnädige Frau! .... Prof. Vogt hat sich übrigens entschlossen, die Arbeit erst in Zusammenhang mit den anatomischen Ergebnissen zu veröffentlichen. Diese Untersuchung wird wohl noch ziemlich viel Zeit in Anspruch nehmen, und auf diese Weise habe auch ich auch noch Zeit gewonnen, die Arbeit, die ich im Wesentlichen fertig gestellt hatte, noch zu verändern und zu ergänzen".

Auch in den Jahren unmittelbar darauf erfolgte keine nennenswerte Veröffentlichung der Ergebnisse. In einem Vortrag vor der Gesellschaft Deutscher Naturforscher und Ärzte, der 1951 in gedruckter Form erschien, macht Vogt auf die starke Verbreiterung des Schläfenlappens eines im Artikel nicht genauer bezeichneten Gehirns eines Sprachgenies aufmerksam. Das abgebildete Gehirn stammt von Krebs. Vogt bringt die Verbreiterung mit der besonderen Sprachbegabung in Verbindung. Gleichzeitig kommt er zu dem Schluss, dass die Vergrößerung gewisser Hirnteile auf Kosten der Größe anderer erfolgt und bemerkt: „Die Unterentwicklung

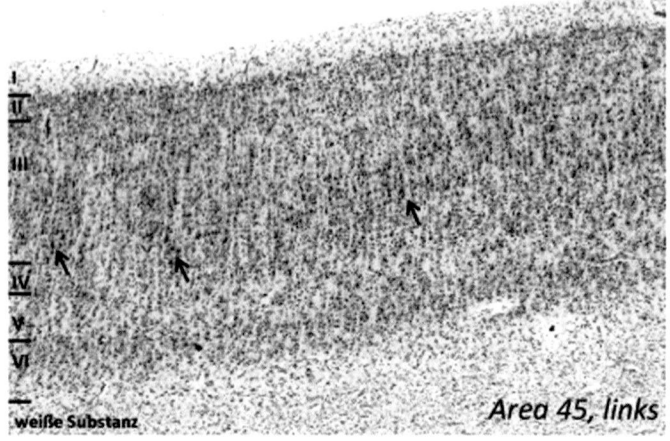

Area 45, links

Mikroskopische Abbildung aus dem Bereich des Frontalhirns der linken Hirnhälfte des Sprachgenies, Area 45. Dieses Hirnrindenfeld ist ein Teil der Broca'schen Sprachregion. Die Zellkörper der Nervenzellen sind schwarz angefärbt und liegen in Schichten, die von der Oberfläche des Gehirns bis zur Grenze der weißen Substanz mit römischen Ziffern markiert sind. Wie für dieses Areal typisch, befinden sich in der unteren Schicht III besonders große, pyramidenförmige Zellen (Pfeile). Zwischen den Zellkörpern liegt sich das Neuropil – das ist der Raum für die Fortsätze der Nervenzellen und ihre Kontaktstellen (Synapsen). Er nimmt beim erwachsenen Menschen ein viel größeres Volumen ein als für Zellkörper vorhanden ist. Die Verteilung, Anordnung und Größe der Nervenzellen ist für das jeweilige Hirnareal charakteristisch („Zytoarchitektonik") und steht in enger Beziehung zu seiner Funktion. Die Zytoarchitektonik der Broca'schen Region von Krebs unterscheidet sich statistisch signifikant von den anderen untersuchten Gehirnen einer Kontrollgruppe sowohl hinsichtlich der Verteilung der Zellen in den einzelnen Schichten als auch in Bezug auf die Unterschiede zwischen linker und rechter Hirnhälfte (Amunts et al., 2004).

der übrigen Großhirnrinde hatte bei dem Sprachtalent zu einer Unterleistung in seiner übrigen Lebensgestaltung geführt. Wir schließen aus solchen Befunden, dass eine merkliche Vergrößerung aller Hirngebiete nicht vorkommen kann. Dementsprechend gibt es kein Universalgenie."

Diese Schlussfolgerung überrascht, wenn man die Biographie von Krebs und das o.g. Interview hinzuzieht. Zwar bildeten seine sprachlichen Fähigkeiten sicher das herausragende Merkmal, jedoch lassen die mehrfach genannten mathematischen Fähigkeiten, das Interesse nicht nur an der chinesischen Sprache sondern auch am Land und seiner Geschichte und die vielfältigen beruflichen Tätigkeiten, die über die eines reinen Übersetzers hinausgingen, wohl kaum die Feststellung einer „Unterleistung in seiner übrigen Lebensgestaltung" in dieser pauschalen Form zu. Im Artikel von 1951 teilt Vogt auch noch mikroskopische Unterschiede im Bau des Gehirns des Sprachgenies im Vergleich zum durchschnittlichen Bau mit: „Dagegen konstatieren wir in der 3. Schläfenwindung, dass die II- und III-Rindenschicht (in letzterer speziell die Unterschichten III 1 und III 2) gegenüber dem Durchschnitt beträchtlich breiter sind." Diese Behauptung wurde von Vogt nicht durch Messungen der Dicken einzelner Schichten oder der gesamten Hirnrinde belegt. So kann nur darüber spekuliert werden, ob wirklich vergleichbare Regionen einander gegenübergestellt wurden oder ob vielleicht die eine Abbildung von der Kuppe einer Windung, die andere jedoch aus der Tiefe einer Furche stammt, was Dickenunterschiede als normale tektonische Effekte erklären würde.

Wenig neues fügen die mehr als 20 Jahre später publizierten Artikel einer ehemaligen Mitarbeiterin der Vogts, Dorothee Beheim-Schwarzbach, hinzu (Beheim-Schwarzbach, 1974 und 1975). Sie beschreibt in der Arbeit von 1975 eine 2. Querwindung im linken Schläfenlappen, eine „Verminderung" der rechten Dorsalfläche gegenüber der linken und „die besondere Vergrößerung kleinzelliger Areale tr1 i und tr 1 cc, die auch rechts durch ihre besondere

Kaiser-Wilhelm-Institut für Hirnforschung Berlin-Buch. 1. Reihe: Prof. Vogt, Neurologe Prof. L. Minor (Moskau), Dr. Cécile Vogt, Herr und Frau Dr. Timofeev-Resovskij, Dr. Zimmermann. 2. Reihe: Ing. Tönnies, Dr. Zwirner, Dr. Tenenbaum, Dr. Kaldewey, Dr. Poppoff, ‚Maggie" Vogt, Frl. Gutenberg. 3. Reihe: Dr. Ngowyang (Nanking), Dr. Leux. Foto: Archiv Max-Planck-Gesellschaft, Berlin-Dahlem

Nervenzellkleinheit gekennzeichnet waren" sowie eine „Verdopplung von zwei Areae des Mittelabschnittes der Windung tr 2 ol und om in der dreifachen Variante des kleinzelligen tr 2 oi, derjenigen, dir rechts fehlt". Pikanterweise wird in dieser Arbeit das Gehirn des Sprachgenies mit dem eines hochmusikalischen Gelehrten sowie zweier Menschenaffen (ein Orang-Utan, ein Schimpanse) verglichen. Freundlich ausgedrückt würde man wohl heute von einer schlecht „gematchten" Kontrollgruppe sprechen. In der Arbeit von 1974 erfolgte der Vergleich mit immerhin sechs linken menschlichen Hemisphären aus der Hirnsammlung von Vogt. Zu den Mitteilungen von Beheim-Schwarzbach muss zudem angemerkt werden, dass zwei und mehr Querwindungen im Schläfenlappen des Menschen eine häufige Variante in der Normalbevölkerung sind (Campain and Minckler, 1976; Rademacher et al., 2001) und dass die rechte Dorsalfläche des Schläfenlappens ohnehin oft größer als die linke Dorsalfläche ist (Galaburda et al., 1978; Geschwind and Levitsky, 1968). Die übrigen Befunde beruhen weitgehend auf einer reinen Betrachtung des Gehirns des Sprachgenies und anderer Gehirne; es werden keine quantitativen Angaben, z.B. zur Größe der Nervenzellen gemacht.

Zwirner selbst hat offenbar seine eigenen Untersuchungsergebnisse nicht veröffentlicht, auch von Vogt ist keine Originalarbeit bekannt, in der er die Ergebnisse seiner Untersuchungen des Gehirns des Legationsrates systematisch darstellte.

Die herausragenden sprachlichen Fähigkeiten von Emil Krebs sind zu dessen Lebzeiten nie erfasst worden – weder nach den damaligen noch gar den heutigen wissenschaftlichen Maßstäben. Damit ist es zwar möglich die mikroskopischen oder sonstigen strukturellen Auffälligkeiten dieses Gehirns zu analysieren, deren direkte Zuordnung zu den sprachlichen Leistungen, der Art und Weise des Erlernens oder Praktizierens von Fremdsprachen bei Emil Krebs musste jedoch offen bleiben. War das Vogt bewusst und hielt er deshalb mit der geplanten Veröffentlichung seiner Ergebnisse zurück? Wir wissen es nicht.

Eigene Untersuchungen der Zytoarchitektonik des Krebs'schen Gehirns haben gezeigt, dass sich die Mikrostruktur zweier Areale der Broca'sche Region in der Tat statistisch nachweisbar von der einer Stichprobe von Kontrollgehirnen unterscheidet (Amunts et al., 2004). Misst man die Verteilung der Zellkörper von der Oberfläche der Hirnrinde hin zur weißen Substanz als Merkmal der Zytoarchitektonik und vergleicht diese Verteilungen dann mit der in Kontrollgehirnen von Personen ohne herausragende sprachliche Fähigkeiten, zeigt sich, dass sich die Zytoarchitektonik dreier der vier untersuchten Areale der Broca-Region (Areale 44 und 45 jeweils linke und rechte Hirnhälfte) von Krebs signifikant von der in Kontrollgehirnen unterscheidet. Diese Unterschiede beziehen sich auf die Anordnung der Nervenzellen, nicht jedoch auf die Zellpackungsdichte, die bei allen Gehirnen sehr ähnlich ist. Aufgrund der spezifischen zytoarchitektonischen Merkmale lassen sich die untersuchten Areale im Gehirn von Krebs eindeutig identifizieren (eine eher späte Genugtuung für Vogt, der sich vehement für mikroskopische Untersuchungen als funktionell relevantes Verfahren für die Beurteilung der Anatomie einsetzte).

Darüber hinaus zeigt das Areal 44 der Broca-Region im Gehirn von Krebs beim Vergleich zwischen rechter und linker Seite eine größere Symmetrie des zytoarchitektonischen Aufbaus, also geringere Links-Rechts-Unterschiede, als jedes Kontrollgehirn, wohingegen das Areal 45 der Broca-Region immer asymmetrischer ist. Berücksichtigt man, dass bei ca. 95% der Bevölkerung die linke Hirnhälfte die sprachdominante Hemisphäre ist und die Ergebnisse von Amunts et al. (2004) zur veränderter (A-)Symmetrie in Krebs'schen Gehirn aus einem sprachrelevantem Hirnrindengebiet kommen, dann sind die Befunde dieser Untersuchung ein starker Hinweis darauf, dass die Broca-Region von Krebs in der Tat eine besondere strukturelle Organisation aufweist.

Neue bildgebende Verfahren haben zudem gezeigt, dass phonologische Leistungen und Syntaxverarbeitung, aber auch Prosodie Funktionen sind, die in der Broca-Region und dem rechtshemisphärischen Homolog prozessiert werden. Das ist besonders interessant, da man durch die peniblen Recherchen von Vogt, Zwirner und Mitarbeitern sowie Zeitungsartikel und anderen Publikationen weiß, dass Krebs sicher ein ganz außerordentliches Empfinden für Prosodie und Phonologie hatte; anders hätte er das Chinesische mit seiner differenzierten und reichen Sprachmelodie nicht so beeindruckend beherrschen können. Er konnte sich aber auch Grammatiken vieler Sprachen schnell und effektiv aneignen. Die vorgelegten Daten erscheinen daher plausibel und basieren auf objektivierbaren quantitativen Daten und statistischen validierten Vergleichen mit einer Kontrollstichprobe. Diese Untersuchung wurde nur möglich, weil vor mehr als 80 Jahren ein ganz besonderes Gehirn auf professionelle Art und Weise für wissenschaftliche Fragestellungen erhalten und aufbereitet wurde. Es ist auch nach heutigen Maßstäben alles andere als selbstverständlich, dass historische Schnitte, die mehr als 70 Jahre lang ungefärbt als Teil einer großen Hirnsammlung aufbewahrt wurden, ohne Schwierigkeiten gefärbt und mit modernen Methoden quantitativ ausgewertet werden können.

Viele Veröffentlichungen zu einzelnen, sogenannten Elitegehirnen genügen heutigen wissenschaftlichen Anforderungen nicht und so hat diese Art von Forschung nur wenig zum Verständnis der Hirnfunktion und ihrer Lokalisation beitragen können. Anders fällt jedoch die Bewertung für verschiedene Untersuchungen repräsentativer Stichproben von Personen mit besonderen Fähigkeiten, z.B. Musiker, deren Gehirne mit Magnetresonanztomographie untersucht und vermessen wurden, aus (z.B. (Amunts et al., 1997; Gaser and Schlaug, 2003; Keenan et al., 2001; Schlaug et al., 1995). Im Unterschied zu Studien an Gehirnen Verstorbener ist es hier möglich, Hirnfunktion und Verhalten unter klar umrissenen Bedingungen zu untersuchen. Allerdings bleibt hier die mikroskopisch-strukturelle Dimension wegen der begrenzten räumlichen Auflösung der bildgebenden Verfahren mit Magnetresonanztomographie weitgehend verborgen. Dennoch scheint sich mit diesen Untersuchungen am lebenden Gehirn eines der Desiderate von Vogt zu erfüllen: über Ausnahmebegabungen Neues zu Hirnfunktionen und ihrer Lokalisation zu lernen.

Die Autorin dankt dem C. und O. Vogt Archiv der Heinrich-Heine-Universität Düsseldorf für die Bereitstellung der Materialen, insbesondere Herrn Peter Sillmann für seine Unterstützung und dafür, das Gehirn des Sprachgenies in historischen Artikeln wiederentdeckt zu haben. Frau Ursula Grell hat in engagierter und kluger Tätigkeit über viele Jahre das Archiv wissenschaftlich erschlossen. Herr Prof. Adolf Hopf, Herr Prof. Gerd Novotny und Herr Prof. Jürgen Mai haben das Vogt-Archiv und die Hirnsammlung nach dem Umzug des Instituts von Neustadt im Schwarzwald nach Düsseldorf erhalten. Der besondere Dank gilt Prof. Karl Zilles, Direktor des C. und O. Vogt Instituts für Hirnforschung, dem langjährigen Mentor, Kollegen und Freund, der einen festen Platz für die moderne architektonische Hirnforschung im 21. Jahrhundert geschaffen hat.

Literatur:

Amunts, K., Schlaug, G., Jäncke, L., Steinmetz, H., Schleicher, A., Zilles, K., 1997. Motor cortex and hand motor skills: Structural compliance in the human brain.

Amunts, K., Schleicher, A., Zilles, K., 2004. Outstanding language competence and cytoarchitecture in Broca's speech region.

Bailey, P., von Bonin, G., 1951. The Isocortex of Man.

Beheim-Schwarzbach, D., 1974. Cytoarchitektonik der Dorsalfläche der 1. Temporalwindung links (T 1) bei sechs menschlichen Gehirnen der Sammlung C. und O. Vogt.

Beheim-Schwarzbach, D., 1975. Weitere Untersuchungen zur cytoarchitektonischen Gliederung der Dorsalfläche der 1. Temporalwindung bei einem Sprachgenie und zwei Anthropoiden.

Campain, R., Minckler, J., 1976. A note on the gross configurations of the human auditory cortex.

Galaburda, A.M., Sanides, F., Geschwind, N., 1978. Human brain. Cytoarchitectonic left-right asymmetries in the temporal speech region.

Gaser, C., Schlaug, G., 2003. Gray matter differences between musicians and nonmusicians.

Geschwind, N., Levitsky, W., 1968. Human brain: left-right asymmetries in temporal speech region.

Hagner, M., 2004. Geniale Gehirne. Zur Geschichte der Elitehirnforschung.

Hopf, A., 1954. Die Myeloarchitektonik des Isokortex temporalis beim Menschen.

Keenan, J.P., Thangaraju, V., Halpern, A.R., Schlaug, G., 2001. Absolute pitch and planum temporale.

Klatzo, I., 2002. Cécile and Oskar Vogt: The Visionaries of Modern Neuroscience, In collaboration with Gabriele Zu Rhein.

Lichtheim, L., 1885. Ueber Aphasie. Aus der medizinischen Klinik in Bern.

Rademacher, J., Morosan, P., Schormann, T., Schleicher, A., Werner, C., Freund, H.-J., Zilles, K., 2001. Probabilistic mapping and volume measurement of human primary auditory cortex.

Riegele, L., 1931. Die Cytoarchitektonik der Felder der Broca'schen Region.

Schlaug, G., Jäncke, L., Huang, Y., Steinmetz, H., 1995. In vivo evidence of structural brain asymmetry in musicians.

Strasburger, E.H., 1938. Vergleichende myeloarchitektonische Studien an der erweiterten Brocaschen Region des Menschen. Vogt, C., Vogt, O., 1919. Allgemeine Ergebnisse unserer Hirnforschung. Vierte Mitteilung: Die physiologische Bedeutung unserer Rindenfelderung auf Grund neuer Rindenreizung.

Vogt, O., 1951. Die anatomische Vertiefung der menschlichen Hirnlokalisation.

Zilles, K., Amunts, K., 2010. Centenary of Brodmann's map - conception and fate.

Die Kongo-Konferenz fand vom 15. November 1884 bis zum 26. Februar 1885 in Berlin statt: Reichskanzler Bismarck mit den Vertretern der USA, des Osmanischen Reiches und der europäischen Mächte Österreich-Ungarn, Belgien, Dänemark, Frankreich, Großbritannien, Italien, Niederlande, Portugal, Russland, Spanien, Schweden und Norwegen. Zeichnung: Adalbert von Rößler für die „Allgemeine Illustrirte Zeitung", 1884

Sprache und Diplomatie
Ein Blick in den Spiegel menschlichen Verstandes
Hans-Ulrich Seidt

„Wie können wir unsere Botschaft übermitteln?" Ein Leben lang beschäftigte sich Emil Krebs mit dieser Aufgabe, deren erfolgreiche Lösung auch heute noch über manche diplomatische Karriere entscheidet. Gleichviel, ob am Ende mit nüchternen Sachargumenten überzeugt oder mit klug gewählten Worten überredet wird, es kommt für Diplomaten darauf an, die Anliegen der eigenen Regierung erfolgreich vorzutragen.

Das einzige legitime Mittel, das dafür in Frage kommt, ist die Sprache, deren politische Bedeutung bereits im 4. Jahrhundert vor der Zeitenwende der griechische Philosoph und Rhetoriker Isokrates beschrieb: „Dadurch aber, dass wir die Fähigkeit besitzen, einander mit Worten zu überreden, und uns selbst klarzumachen, worauf sich unser Wille richtet, dadurch haben wir nicht nur die tierische Lebensweise verlassen, sondern haben uns vereinigt, haben Städte gegründet, Gesetze gegeben und Künste erfunden." Zur Kunst der Diplomatie gehört also die Fähigkeit, „einander mit Worten zu überreden", und diese Eigenschaft setzt das Wissen darüber voraus, welche Worte tatsächlich Gehör finden. Keiner wusste dies besser als der eben zitierte Isokrates, denn sein Lehrer war kein Geringerer als der berühmte Redner Gorgias, der 427 v. Chr. als Leiter einer diplomatischen Gesandtschaft nach Athen kam, um dort für seine Heimatstadt um militärischen Beistand zu bitten. Die Athener waren von der Sprachgewalt des Gesandten hingerissen. Doch hatte Gorgias zumindest in einem Punkt leichtes Spiel: Er konnte seine diplomatische Mission in der Muttersprache vortragen. Griechisch sprachen sie ja alle, auf die es in seiner Welt ankam. Die anderen aber, die politisch nicht zählten, stammelten in unverständlichen Worten. Wozu also sollten die griechischen Gesandten barbarische Sprachen lernen?

Lingua franca – eine Sprache für Alles und alle?

Altgriechischer Hochmut und moderne Pragmatik liegen gar nicht so weit auseinander. Oft ist in der Gegenwart zu hören, für die eine, global vernetzte Welt und ihre elektronische Kommunikation reiche eine gemeinsame Verkehrssprache völlig aus. Schließlich reden alle ja irgendwie Englisch. Selbst in der Schweizer Armee kommunizieren heute Welsch- und Ostschweizer oft in dieser Sprache für alle und jeden.

Auch Angehörigen diplomatischer Dienste, die alle drei bis vier Jahre ihre Posten wechseln, erleichtert eine sprachliche Monokultur das Alltagsgeschäft. Es macht für sie oft wenig Sinn, zusätzlich zu den organisatorischen und menschlichen Problemen des regelmäßigen Ortswechsels außer Englisch und vielleicht noch Französisch zusätzlich schwierige Sprachen zu lernen. Die meisten Diplomaten werden auf die Frage, ob sie neben ihren dienstlichen Pflichten gerne noch Sprachstudien treiben, ehrlicherweise mit „Nein!" antworten.

Zur Begründung können sie auf eine lange Tradition verweisen. Aus der griechischen Sprache, die zur Zeit des Isokrates den Griechen vom Barbaren unterschied, war rund 150 Jahre später die allgemein anerkannte Verkehrs- und Bildungssprache der gesamten hellenistischen Welt geworden. Den Einflussreichen und Gebildeten aller Städte und Stämme zwischen der iberischen Küste und Afghanistan genügte, gleichgültig ob sie Griechen oder Syrer, Juden oder Ägypter, Phönizier oder Baktrier waren, in der Regel die Beherrschung einer einzigen Sprache. Wer seine Interessen außerhalb der eigenen Polis oder Provinz erfolgreich wahrnehmen oder gar neue Gedanken propagieren wollte, der konnte und musste sich der griechischen Sprache bedienen. Das wussten auch die Autoren des Neuen Testaments.

War Griechisch nach dem militärischen Triumph Alexanders des Großen als „Koine" zur Verkehrssprache der hellenistischen Welt geworden, so wurde die „Lingua franca", die aus romanischen Dialekten und arabischen Lehnworten hervorgegangene „Sprache der Franken", nach den Kreuzzügen zur diplomatischen und wirtschaftlichen Verkehrssprache des Mittelmeerraums. Diese historische Erfahrung verweist allerdings auch darauf, dass die Dominanz einer allgemein anerkannten Verkehrssprache nicht das Ergebnis zwangloser Übereinkunft oder zufälligen Einvernehmens ist, sondern machtpolitische Entwicklungen und militärische Entscheidungen spiegelt.

So war es auch kein Zufall, dass mit dem politischen und militärischen Erstarken der westeuropäischen Nationalstaaten die mittelalterliche Lingua franca im diplomatischen und wirtschaftlichen Verkehr des Mittelmeerraums nach und nach an Bedeutung verlor. Zwar wurde sie von den Händlern und Reisenden in den Hafenstädten noch lange genutzt, aber im politisch-diplomatischen Verkehr trat an ihre Stelle zunächst Spanisch, später dann in fast ganz Europa Französisch, wobei allerdings in Mittel- und Osteuropa im Kanzleiverkehr Latein noch lange seine universale – oder genauer: eine übernationale – Bedeutung behielt. Denn weder die Koine, noch die Lingua franca oder Latein waren als Sprachen der Diplomatie oder des diplomatischen Schriftverkehrs wirklich universal. In weiten Teilen des islamischen Orients wurde Persisch, in Ostasien Chinesisch als Sprache der Paläste und der Diplomatie geschätzt und gepflegt. Heute seufzen nur noch wenige Beamte nach Erledigung eines unangenehmen Auftrags erleichtert: Ad acta!

Berliner Einsichten

Ist mit dieser kurzen Rückschau die Frage nach dem Verhältnis von Sprachkompetenz und Diplomatie für die Gegenwart beantwortet? Ohne Zweifel: Englisch ist zu Beginn des 21. Jahrhunderts zur weltweiten Koine, zur globalen Lingua franca geworden. Zwar werden in der Europäischen Union und in internationalen Organisationen gelegentlich noch Debatten über ein pluralistisches

Wilhelm von Humboldt: Diplomat, Bildungsreformer, Sprachphilosoph. Ausschnitt aus einem Gemälde von Franz Gerner, 1946.
Quelle: Humboldt-Universität Berlin

Sprachenregime geführt. Aber sind solche Diskussionen nicht
pflichtgemäße Rückzugsgefechte? Selbst wenig sprachbegabte
Diplomaten und Politiker haben nicht ohne Grund das Gefühl,
mit einem halbwegs passablen Englisch in multilateralen Verhandlungen oder bilateralen Gesprächen bestehen und die Gedanken ihrer Gesprächspartners hinreichend erfassen zu können.
Wozu also noch andere Sprachen lernen, wenn sich mit Englisch
alle Türen öffnen? Unter Nützlichkeitsgesichtspunkten lässt sich
die bewusste Beschränkung auf eine Verkehrssprache also durchaus rechtfertigen. Aber erfasst die weit verbreitete Auffassung,
Sprache sei lediglich ein Instrument professioneller Kommunikation, ihre eigentliche Bedeutung für die politische Analyse und
einen Vertrauen schaffenden Gedankenaustausch?

Zu Beginn des 19. Jahrhunderts wurden in Berlin Einsichten gewonnen, die über einen pragmatisch engen Ansatz hinausweisen.
Wilhelm von Humboldt, der Diplomat, Staatsmann, Bildungsreformer und Sprachphilosoph, schrieb in seiner noch heute le-

senswerten Schrift „Über die Verschiedenheit des menschlichen Sprachbaues und ihren Einfluss auf die geistige Entwicklung des Menschengeschlechts", die Sprache sei „der Spiegel des menschlichen Verstandes". Danach müssten eigentlich alle, die von Berufs wegen das politische Denken anderer Kulturen und Nationen verstehen und vermitteln sollen, Humboldts Beispiel folgen und in möglichst viele Spiegel blicken.

Doch wird mit dem Hinweis auf eine der zentralen Persönlichkeiten der deutschen Klassik die Messlatte nicht unerreichbar hoch gelegt? Wilhelm von Humboldt vertrat ab 1802 sechs Jahre lang Preußen als Gesandter in Rom und gab in dieser Zeit seiner Heimat bis heute fortwirkende, geistige Impulse. Während der Befreiungskriege gegen Napoleon und auf dem Wiener Kongress arbeitete er erfolgreich für den Frieden Europas. Und er verfügte über eine phänomenale, im 19. Jahrhundert in Deutschland wohl nur noch von Emil Krebs übertroffene Sprachbegabung: Humboldt beherrschte rund zwanzig und studierte über vierzig schwierige Fremdsprachen, darunter Japanisch und Chinesisch. Selbst als Begründer der wissenschaftlichen „Indonesistik" wird er in Anspruch genommen. Seine Sprachtheorie gilt als Ausgangs- und Höhepunkt der vergleichenden Sprachforschung – obwohl sie in ihrer Gesamtheit selbst von Philosophen nur mit Mühe verstanden wird. Abzuwarten bleibt, ob und in welchem Umfang die historisch-kritische Ausgabe seiner sprachtheoretischen Schriften, die gegenwärtig von der Berlin-Brandenburgischen Akademie der Wissenschaften vorbereitet wird, zur Popularität seiner Ideen im Auswärtigen Dienst beitragen kann.

Der Machtmensch Otto von Bismarck jedenfalls betrachtete das Verhältnis von Sprache und Diplomatie aus einem anderen Blickwinkel als der Idealist Wilhelm von Humboldt. Dem Gründer des Auswärtigen Amts ging es nicht darum, das Denken und Fühlen anderer Kulturen in ihrer ganzen menschlichen Dimension und in den feinsten sprachlichen Nuancen zu erfassen. Ihm kam es in erster Linie darauf an, dass seine Diplomaten in der Lage waren, die politischen Interessen ihrer Gesprächspartner genau zu erfassen und die Anliegen des Deutschen Reiches mit Erfolg zu vertreten. Dabei jedoch verlangte er, selbst ein Meister der Rede und der Konversation, von den Angehörigen des Auswärtigen Dienstes eine hohe Sprachkompetenz. Kritisch bemerkte er, dass einige seiner Spitzendiplomaten Fremdsprachen allenfalls auf dem Niveau eines Oberkellners beherrschten. Als während des Berliner Kongresses 1878 Dolmetscher für Türkisch fehlten, war sein Ärger groß. Schließlich drang Bismarck nach der Kongo-Konferenz 1884 energisch darauf, im Auswärtigen Amt angesichts offenkundiger Mängel der Sprachausbildung institutionelle und personelle Abhilfe zu schaffen.

Experten im Dienst der Politik

1887 war es soweit: Mit dem Seminar für Orientalische Sprachen (SOS) entstand an der Friedrich-Wilhelms-Universität Berlin eine am politischen Bedarf orientierte Ausbildungsstätte, an der neben Japanisch, Chinesisch, Türkisch, Arabisch und Persisch auch afrikanische Sprachen unterrichtet wurden. Einer ihrer ersten Absolventen war Emil Krebs, der am SOS ohne große Mühe Chinesisch lernte, nebenbei noch Jura studierte und im Sommer 1890 die Dolmetscherprüfung ablegte.

Finanziert wurde das SOS von Auswärtigem Amt und Reichskolonialamt, zwei Reichsbehörden, die im Zeitalter des Imperialismus sprachkundigen Nachwuchs für orientalische Gesandtschaften und koloniale Verwaltungsposten benötigten. Doch war, unabhängig von den jeweils aktuellen politischen Plänen und Zielen der Reichsregierung, die wissenschaftliche Bedeutung und der pädagogische Erfolg des SOS so groß, dass diese Institution das Kaiserreich, die Weimarer Republik und das NS-Regime überstand. Als während der deutschen Teilung die Außenpolitik der Bundesrepublik nicht mehr in Berlin, sondern am Rhein gestaltet wurde, fand auch das SOS seinen Platz im Bonner Provisorium.

1959 wurde das SOS, das dem Ansehen und dem Einfluss der Bundesrepublik im Nahen und Mittleren Osten dienen sollte, an der Rheinischen Friedrich-Wilhelms-Universität neu gegründet. Manche älteren Angehörigen des Auswärtigen Amts, die am SOS bis in die letzten Jahre der Bonner Republik Arabisch, Türkisch und Farsi übten, erinnern sich noch an das spätklassizistische Gebäude an der Konrad Adenauer Allee. Erst im Jahre 2006 endete die traditionsreiche Sonderstellung des SOS, als das Seminar von der Bonner Universität mit dem Institut für Orient- und Asienwissenschaften zusammengelegt wurde. Zu diesem Zeitpunkt allerdings verfügte das Auswärtige Amt in Berlin bereits über sein neues Sprachlernzentrum (SLZ), das die sprachpädagogische Arbeit des SOS in veränderter Form fortsetzen sollte.

Vorbild für die Gründung des SOS war übrigens die hochangesehene Akademie für Orientalische Sprachen der alten Kaiserstadt Wien. 1754 von Kaiserin Maria Theresia gegründet, unterrichtete die Kaiserlich-Königliche Akademie begabte Schüler in Türkisch, Persisch und Arabisch. Die „Sprachjünglinge" der Akademie, als deren berühmtester Vertreter der Orientalist Joseph Freiherr von Hammer Purgstall gilt, hatten den Auftrag, im Orient die Botschaften Wiens sprachlich zuverlässig und sachkundig zu übermitteln. Ebenso wie die später am Berliner SOS geschulten Orientalisten der Dragomanatslaufbahn des Auswärtigen Amts waren die „Sprachjünglinge" der Theresianischen Akademie jedoch keine Diplomaten im klassischen Sinne, sondern Sprachspezialisten. Wie fanden sich diese „Fachmenschen" im Sinne Max Webers in der Welt der Diplomatie zurecht?

Sprachbegabte Einzelgänger

Der prüfende Blick auf einige herausragende Einzelpersönlichkeiten im Spannungsfeld von Sprache und Diplomatie erfasst ein zwiespältiges Bild. Es legt zumindest die Vermutung nahe, dass ausgeprägte Sprachbegabung und bereits in früher Jugend ge-

Paul Georg von Möllendorff in Amtstracht als Vize-Außenminister von Korea, um 1882. Foto: Archiv Hans-Alexander Kneider

Paul Georg von Möllendorff als Commisssioner of Customs in der
Hafenstadt Ningbo, um 1897. Foto: Archiv Ulrich von Möllendorff

wecktes Interesse für exotische Kulturen gelegentlich mit einer Neigung zum sozialen Einzelgängerdasein, in Sonderfällen vielleicht sogar mit diplomatischem Abenteurertum einhergehen können. Sicherlich sind dies keine Eigenschaften oder Verhaltensweisen, die dem klassischen Leitbild einer auf politischen und gesellschaftlichen Ausgleich bedachten Außenpolitik entsprechen. Jedenfalls können sich, dafür sprechen einige Beispiele, gerade sprachlich hochbegabte Menschen in der Welt der Diplomatie gelegentlich schwer tun.

Diese Erfahrung machte auch Paul Georg von Möllendorff, der ebenso wie Emil Krebs die wichtigsten Jahre seines Lebens in Ostasien verbrachte und leider zu den vergessenen Persönlichkeiten der deutschen Diplomatiegeschichte gehört. 1847 als Sohn eines preußischen Ökonomiekommissionsrats geboren, entwickelte Möllendorff schon in früher Jugend für orientalische Sprachen, nicht zuletzt für Hebräisch, eine Leidenschaft in seltener Vollkommenheit. Nachdem er in Halle Jura, Philologie und Orientalistik studiert hatte, reiste er 1869 nach China, lernte Chinesisch und trat 1874 als Dolmetscher in den konsularischen Dienst des Auswärtigen Amtes ein. Auf Bitten chinesischer Politiker reiste er im Jahre 1882 nach Korea, um dort dem stärker werdenden japanischen Einfluss entgegenzuwirken. In erstaunlich kurzer Zeit sprach Möllendorff Koreanisch, wurde als erster Europäer von König Gojong empfangen, zum Leiter des koreanischen Seezolls und später zum Vizeminister im koreanischen Außenamt ernannt. Möllendorff kleidete sich in traditioneller koreanischer Amtstracht, führte den koreanischen Namen Mok In-Deok und bemühte sich energisch und in Ansätzen erfolgreich um die Modernisierung des bis dahin von der Außenwelt hermetisch abgeschlossenen Landes.

Noch heute wird Möllendorff in Korea hoch verehrt. Aber wie war seine Stellung im Auswärtigen Amt? Als Möllendorff 1901 im Alter von 54 Jahren in China starb, würdigte ein Nachruf den „Zauber seines gewinnenden Wesens" und „die Abwesenheit jeden

Standeshochmuths". Jedoch waren seiner Überfahrt nach Korea 1882 schwere Spannungen mit seinem Vorgesetzten, dem deutschen Gesandten in Peking, Max von Brandt, vorausgegangen. Sie führten zum Ausscheiden Möllendorffs aus dem Auswärtigen Amt. Der Gesandte von Brandt erwähnte in seinen dreibändigen Memoiren den sprachbegabten Dolmetscher und koreanischen Vizeaußenminister Möllendorff mit keinem einzigen Wort.

Auch Emil Krebs, das Sprachgenie des Auswärtigen Amts, blieb im Kreis der Diplomaten lebenslang ein Außenseiter und Einzelgänger. Er wollte ganz bewusst nur „Fachmensch" sein. Als ihm vom Auswärtigen Amt die Möglichkeit geboten wurde, den Posten des Konsuls in Peking zu übernehmen, entschied er sich gegen diesen Karriereschritt, obwohl er in Berlin neben seinen Sprachstudien am SOS auch Jura studiert und das Staatsexamen 1891 mit der Note „gut" bestanden hatte. Anstatt sich der beruflichen und gesellschaftlichen Routine eines Konsuls zu widmen, wollte Krebs viel lieber den eigenen sprachlichen und kulturellen Sonderinteressen nachgehen. Es verwundert daher nicht, dass es dem Auswärtigen Amt schwer fiel, für Krebs nach seiner Rückkehr aus China 1917 eine passende Arbeitsstelle zu finden. Einige Monate lang arbeitete er in Berlin in der Nachrichtenstelle für den Orient. Doch für die politische Öffentlichkeitsarbeit in Kriegszeiten, die von der Nachrichtenstelle betrieben wurde, hatte der Sprachexperte wenig Verständnis: Im Kollegenkreis galt er als wenig gesprächig und kontaktscheu.

Da war der Gründer und erste Leiter der Nachrichtenstelle für den Orient, der bis heute rätselhafte Max Freiherr von Oppenheim, von anderem Format. Anders als der stille Emil Krebs galt der orientbegeisterte Baron als politisch und gesellschaftlich brillant. Allerdings war auch er im Auswärtigen Amt ein Außenseiter. Nachdem ihm Bismarck wegen der jüdischen Abstammung seiner Familie zunächst die Aufnahme versagt hatte, konnte der sprachkundige Angehörige der bekannten Kölner Bankiersfamilie erst 1896 auf Veranlassung Wilhelms II. Attaché am Generalkon-

Max Freiherr von Oppenheim
Foto: Politisches Archiv Auswärtiges Amt

sulat Kairo werden, an dem er dienstrechtlich stets eine nachge-
ordnete Rolle spielte, bis er schließlich 1910 unter Verleihung des
Titels eines „Ministerresidenten" das Auswärtige Amt verließ.

Oppenheim beherrschte Arabisch und Türkisch, kleidete sich
auf Reisen häufig in der jeweiligen Landestracht. Er sprach in
Konstantinopel mit Sultan Abdul Hamid und in vorderasiatischen
Wüsten mit Beduinenscheichs, deren Stämme er in einem dreibändigen Werk wissenschaftlich beschrieb. Er publizierte griechische und lateinische Inschriften aus Syrien und Kleinasien, bevor
er im nördlichen Mesopotamien die Palastanlage auf dem Tell
Halaf entdeckte.

Aber vermochte Max Freiherr von Oppenheim, die Grenzen
zwischen Diplomatie und politischem Abenteuer zu erkennen?
Oppenheim war einer der wirkungsvollsten Propagandisten der
Berlin-Bagdad-Bahn, entwarf im Rückblick fantastisch anmuten-

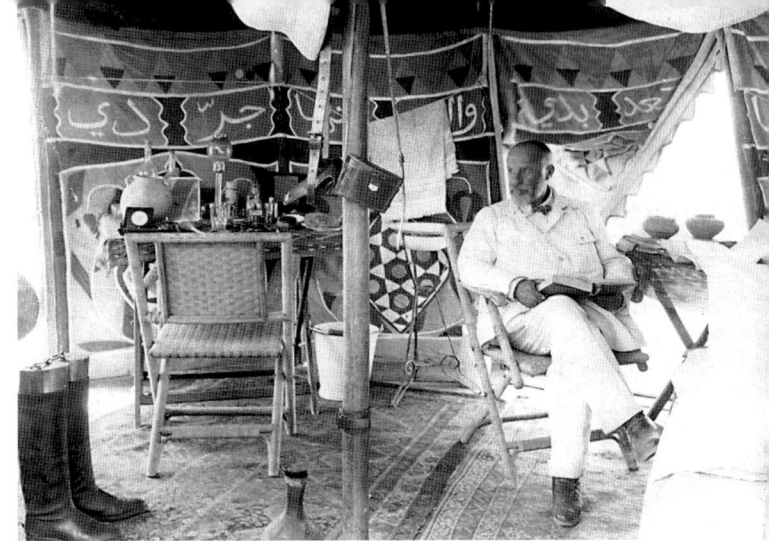

Max Freiherr von Oppenheim, 1929 im Reisezelt bei Tell Halaf
Foto: Max Freiherr von Oppenheim-Stiftung, Köln

de Pläne zur Destabilisierung des Britischen Weltreiches, reiste mit falschen Pässen und verwaltete schwarze Kassen. Sprachkompetenz, Landeskunde und energischer Gestaltungsdrang machten ihn zum Vorbild für Lawrence of Arabia. Aber ob der rheinische Baron als Leitbild eines modernen Auswärtigen Dienstes taugt, das steht auf einem anderen Blatt.

Die Mischung macht's

Diese kurze Betrachtung ermöglicht keine endgültigen Aussagen, aber vielleicht kann sie vor dem Hintergrund historischer Erfahrung dazu beitragen, aktuelle Entwicklungstrends genauer zu erfassen und Fragen zu präzisieren. So wird etwa Englisch auf absehbare Zeit weltweit jene Rolle spielen, die im Hellenismus der Koine oder im spätmittelalterlichen und frühneuzeitlichen Mittelmeerraum der Lingua franca zufiel. Doch reichen für die operative Bewältigung schwieriger Zukunftsaufgaben Englisch oder andere europäische Sprachen sicherlich nicht mehr aus. In der sich dynamisch verändernden, multipolaren Welt des 21. Jahrhunderts gewinnen Chinesisch und Arabisch, Farsi und Türkisch, aber auch Japanisch oder Koreanisch rasch an Bedeutung. Vor allem der geopolitische Spannungsbogen des Nahen und Mittleren Ostens sowie die Zukunftsmärkte in Ost- und Südostasien erfordern von den Angehörigen den Auswärtigen Dienstes in Zukunft zusätzliche sprachliche Anstrengungen.

Allerdings werden weder Sprachgenies wie Emil Krebs noch akademisch hoch trainierte Regionalexperten jene Herausforderungen des internationalen Krisenmanagements und diplomatische Querschnittsaufgaben wahrnehmen können oder wollen, die jenseits ihres fachspezifischen Erfahrungs- und Verantwortungshorizontes liegen. Was also ist zu tun, um die Sprachkompetenz des Auswärtigen Amts insgesamt auf möglichst hohem Niveau zu pflegen? Die Antwort wird wohl lauten: Es kommt auf die richtige Mischung an! Das gilt vor allem für die jährlich stattfindende, sorgfältige Auswahl unterschiedlicher junger Menschen mit ihren ganz individuellen Sprachfähigkeiten und geistig-kulturellen Neigungen. Doch muss sie ergänzt werden durch eine am aktuellen Bedarf des Auswärtigen Amts orientierte sprachpädagogische Aus- und Fortbildung.

Jedoch wird selbst das beste Sprachtraining für Diplomaten ihre notwendige Unterstützung durch professionelle Sprachmittler nicht ersetzen können. Diplomatische Dienste, die in der Vergangenheit selbstbewusst glaubten, auf einen eigenen Sprachendienst verzichten zu können, wurden regelmäßig durch peinliche Übersetzungsfehler eines Besseren belehrt und gelegentlich sogar gründlich blamiert. Aus gutem Grund werden daher die Übersetzer und Dolmetscher des Auswärtigen Amtes hoch geschätzt. Sie gehören zu den besten der Welt und setzen eine lange, nicht zuletzt von Emil Krebs verkörperte Tradition fort.

Dennoch bleibt die Frage: Reicht es aus, wenn mit Hilfe pädagogischer Förderung und exzellenter Sprachmittler die Angehörigen des Auswärtigen Dienstes über die schon von Isokrates geforderte Fähigkeit verfügen, „mit Worten zu überreden, und uns selbst klarzumachen, worauf sich unser Wille richtet"? Oder trägt nicht dieser sophistische Ansatz, der Sprache interessenorientiert als technisches Instrument versteht, nur herzlich wenig zum Verständnis anderer Menschen und Nationen, ihrer Politik, Wirtschaft und Gesellschaft bei?

Die Antwort wird je nach persönlichem Standort unterschiedlich ausfallen. Sie hängt nicht zuletzt davon ab, ob die individuelle Neigung zu den Positionen Otto von Bismarcks oder Wilhelm von Humboldts größer ist. Der nüchterne Realist wird diplomatische Meisterschaft in der Beschränkung erkennen und sich damit zufrieden geben, eine den Aufgaben des Tages entsprechende Sprachkompetenz zu pflegen. Wer dagegen wie Wilhelm von Humboldt in der Sprache den „Spiegel des menschlichen Verstandes" erkennt und das eigentliche Wesen von Individuen und Gemeinschaften erkennen und verstehen möchte, wird den lobenswerten, wenn auch häufig unmöglichen Versuch wagen, über die Sprache das Fühlen und Denken fremder Menschen und Kulturen zu ergründen. Doch dürften die Angehörigen des Auswärtigen Dienstes im Sinne eines bewährten „sowohl als auch" vernünftigerweise bemüht bleiben, einen zwischen Humboldt und Bismarck vermittelnden, in Beruf und Lebenspraxis gangbaren Mittelweg zu finden.

Altbau und Neubau des Auswärtiges Amts am Spreekanal mit der Jungfernbrücke. Im Hintergrund das Deutsche Historische Museum im ehemaligen Zeughaus Unter den Linden. Foto: Peter Hahn

Sprachendienst im Auswärtigen Amt
Antonio Reda

Der Sprachendienst zählt seit jeher zu den größten Referaten des Auswärtigen Amts. Aktuell umfasst er zirka 85 Mitarbeiter, die überwiegend als Dolmetscher, Übersetzer, Terminologen und Dozenten tätig sind. Wie in vielen anderen Arbeitseinheiten gibt es hier auch Sachbearbeiter und Registratoren und als Besonderheit einen großen Kanzleidienst mit etwa 20 Fremdsprachenassistenten und -assistentinnen, die Schreibarbeiten in den wichtigsten Fremdsprachen sowie Sekretariats- und Querschnittsaufgaben erledigen.

Der Sprachendienst ist in fünf unterschiedlich große Fachbereiche gegliedert: den Dolmetschdienst, den allgemeinen Übersetzungsdienst, den Übersetzungsdienst für völkerrechtliche Übereinkünfte, den Fachbereich IT/Terminologie/Dokumentation und das Sprachlernzentrum. Die Mitarbeiter des Sprachendienstes sind je nach Sprache, Auslastungsgrad und Eignung in bis zu fünf Fachbereichen tätig. Der Kanzleidienst arbeitet allen fünf Fachbereichen zu, wobei sein Schwerpunkt im Bereich Übersetzung liegt.

Die beiden Hauptaufgaben sind Dolmetschen und Übersetzen. Neben sprachlicher Kompetenz, sicherem Ausdrucksvermögen und gutem Stilgefühl erfordern beide Tätigkeiten ein breites Allgemeinwissen mit soliden Kenntnissen der unmittelbaren Arbeitsbereiche des Auswärtigen Amts: Diplomatie, Politik, Wirtschaft, Recht, Kultur usw. Geistige Wendigkeit und die Fähigkeit, sich rasch in neue Sachgebiete einzuarbeiten und Texte und Äußerungen analytisch zu erfassen, sind ebenfalls unerlässliche Voraussetzungen.

Aufgabe der Dolmetscher ist es, bei Gesprächen oder Verhandlungen im In- und Ausland die sprachliche Verständigung zu gewährleisten. Dies setzt fundierte Kenntnisse der Verhandlungsmaterie voraus. Die Übersetzer übertragen schriftliche Texte aus den Fremdsprachen ins Deutsche oder umgekehrt. Darin werden Themen aus praktisch allen Wissensgebieten behandelt. Die

Auswärtiges Amt, Mitarbeiter des Sprachendienstes
Foto: Politisches Archiv Auswärtiges Amt

Übersetzung von politischen Äußerungen, diplomatischen No-
ten, Vertragstexten und dergleichen erfordert ein Höchstmaß an
Genauigkeit und Sorgfalt. Das gilt in besonderem Maße für die
im Übersetzungsdienst für völkerrechtliche Übereinkünfte täti-
gen Überprüfer, die für die abschließende sprachliche Prüfung
völkerrechtlicher Verträge verantwortlich zeichnen. Ein weiterer
Fachbereich befasst sich mit IT-Fachanwendungen, der Erarbei-
tung von Fachterminologien und der Informationsvermittlung,
die interne Servicestelle im Serviceunternehmen Sprachendienst.

Schließlich widmet sich das Sprachlernzentrum der Sprach-
aus- und fortbildung für Angehörige des Auswärtigen Dienstes
im Zusammenhang mit Versetzungen ins Ausland. Hierbei geht
es um die Planung, Koordinierung und didaktische Betreuung der
Unterrichtsmaßnahmen in bis zu 70 Fremdsprachen im In- und
Ausland, wobei den fachlichen und interkulturellen Bedürfnissen
des Auswärtigen Dienstes Rechnung getragen wird. Zudem werden im Sprachlernzentrum Sprachprüfungen abgenommen.

Geschichte und Zuständigkeitsbereich

Einen Sprachendienst nach heutigem Verständnis, das heißt eine Arbeitseinheit mit Dolmetschern und Übersetzern, gibt es als selbstständiges Referat im Auswärtigen Amt seit dem Jahr 1921. Davor beschäftigte man in weniger geläufigen Fremdsprachen wie Chinesisch, Türkisch oder Persisch Einzelpersonen, sogenannte Dragomane. Unabhängig von der Philosophischen Fakultät der Berliner Universität wurde 1887 das „Seminar für Orientalische Sprachen" (SOS) eingerichtet, das Beamten des Auswärtigen Reichsdienstes und Vertretern praktischer Berufstätigkeit in China sprachliche und landeskundliche Kenntnisse des damaligen China vermitteln sollte. Einer der Absolventen war Emil Krebs.

Nach Gründung der Bundesrepublik Deutschland war der Sprachendienst zunächst in der „Dienststelle für Auswärtige Angelegenheiten" im Bonner Bundeskanzleramt angesiedelt, aus der dann im Jahr 1951 das Auswärtige Amt hervorging. Von Anfang an war der Sprachendienst damit nicht nur für das Auswärtige Amt, sondern auch für das Bundeskanzleramt und für das benachbarte Bundespräsidialamt zuständig, woran sich auch nach dem Regierungsumzug nach Berlin trotz der nun größeren räumlichen Entfernung nichts geändert hat.

Besonders augenfällig war die Zuständigkeit für diese drei Häuser vor allem während der Bonner Zeit, als der Sprachendienst mit kleineren Unterbrechungen im Palais Schaumburg im Park des Bundeskanzleramts residierte und die Dolmetscher durch eine Pforte im Park zu Dolmetscheinsätzen beim Bundespräsidenten in die Villa Hammerschmidt gelangen konnten, ohne das Gelände verlassen zu müssen.

Der Sprachendienst der Zentrale

Anders als im Vorkriegssprachendienst, dessen Mitarbeiter zwar überwiegend ein Sprachstudium absolviert hatten, aber in den

Dolmetscher Werner Zimmermann im Einsatz zwischen Bundes-
kanzlerin Angela Merkel und dem französischen Staatspräsidenten
Nicolas Sarkozy. Foto: Politisches Archiv Auswärtiges Amt

meisten Fällen keine akademische Ausbildung als Übersetzer und
Dolmetscher mitbrachten, wurden nach dem Zweiten Weltkrieg
weit weniger Autodidakten eingestellt.

Die neuen Mitarbeiter des Sprachendienstes kamen in der Regel
von den klassischen Universitätsinstituten Heidelberg, Germers-
heim und Saarbrücken – nach der Wende auch aus Berlin und
Leipzig – sowie von den einschlägigen Universitäten Genf, Paris,
Mons, Triest oder Edinburgh. Dennoch fanden auch einzelne
sprachlich hoch qualifizierte Seiteneinsteiger wie Juristen, Philo-
logen, Politologen oder Theologen den Weg zum Sprachendienst.
Mit Beginn der Ostpolitik und der Aufnahme diplomatischer Beziehungen zu den Staaten des Warschauer Paktes, aber auch zu
China und zahlreichen arabischsprachigen Staaten stand das
Auswärtige Amt vor einer neuen Herausforderung. Plötzlich wur-
den in einer Vielzahl politisch relevanter Fremdsprachen wie Chinesisch, Arabisch, Polnisch, Ungarisch, Tschechisch, Rumänisch,
Bulgarisch oder Serbokroatisch Dolmetscher benötigt, für die in

Deutschland – und daran hat sich trotz EU-Erweiterung bis heute kaum etwas geändert – keine universitäre Dolmetscher- und meist auch keine Übersetzerausbildung existierte.

So wurden in den siebziger Jahren zahlreiche Slawisten und Sinologen eingestellt, die professionelles Übersetzen und vor allem Konsekutivdolmetschen in hausinternen Lehrgängen erlernten. Teilweise wurden auch Diplom-Übersetzer und Dolmetscher auf andere, mit den studierten Sprachen verwandte, Fremdsprachen „umtrainiert".

Eine zweite Welle „neuer" Sprachen musste mit dem Fall des eisernen Vorhangs bewältigt werden. Nun waren Sprachen wie Estnisch, Lettisch, Litauisch, Ukrainisch, Georgisch, Armenisch oder Aserbaidschanisch gefragt, für die in Deutschland weit und breit keine Ausbildungsgänge existierten. Auch für diese Sprachen mussten interne Lehrgänge organisiert werden, wobei aber, anders als zu Zeiten des kalten Krieges, keine zusätzlichen Kapazitäten in der Zentrale geschaffen, sondern durchweg Sprachendienste an den deutschen Auslandsvertretungen eingerichtet wurden.

Der erste Lehrgang zur Einführung in das Konsekutivdolmetschen fand 1973 unter der Leitung des Konferenzdolmetschers Dr. Erich Feldweg statt, der diese Sprachen übergreifende Ausbildungsform konzipierte und bis 2002 zweimal jährlich Dolmetscherlehrgänge im Auswärtigen Amt leitete. Am ersten Kurs nahmen fünf Personen teil, die in den Sprachen Arabisch, Bulgarisch, Polnisch, Serbokroatisch und Tschechisch ausgebildet wurden. Am nächsten Kurs zur Einführung ins Konsekutivdolmetschen im Januar 2012 werden voraussichtlich neun Personen mit den Einsatzsprachen Arabisch, Armenisch, Bulgarisch, Chinesisch, Russisch und Vietnamesisch teilnehmen.

Interessant ist in diesem Zusammenhang die Zusammensetzung des Teilnehmerkreises: eine entsandte Deutsche und acht ausländische Ortskräfte. Daran lässt sich ablesen, dass die interne Dolmetscherausbildung vor allem den Auslandsvertretungen der Bundesrepublik Deutschland zugute kommt.

Besprechung der Übersetzer
Foto: Politisches Archiv Auswärtiges Amt

Vereinzelt hat das Auswärtige Amt aber auch spezielle Lehrgänge für freiberuflich tätige Dolmetscher eingerichtet, um eine plötzlich entstandene allgemeine Nachfrage in den Bundesministerien decken zu können. So wurde zum Beispiel im Jahr 1996 ein Dolmetscherkurs in den baltischen Sprachen Litauisch und Lettisch, und im Jahr 2002 ein Lehrgang für die neupersische Schriftsprache Dari organisiert.

Die Sprachendienste der Auslandsvertretungen

Eine große Zahl deutscher Auslandsvertretungen verfügt über eigene Sprachendienste, die der fachlichen Aufsicht des Sprachendienstes der Zentrale am Werderschen Markt in Berlin unterstellt sind. Zum Teil werden sie von entsandten Dolmetschern und Übersetzern geleitet, überwiegend sind sie aber mit sogenannten Ortskräften besetzt, das heißt qualifizierten Übersetzern, Dolmetschern oder Germanisten nichtdeutscher Muttersprache.

Die zahlenmäßig stärksten Sprachendienste findet man an den Botschaften Tokio, Moskau, Warschau und Ankara. Alles in allem sind in den Sprachendiensten der deutschen Auslandsvertretungen etwa 200 Mitarbeiter beschäftigt, wobei aber darüber hinaus auch eine Vielzahl von Ortskräften mit sprachmittlerischen Aufgaben in anderen Abteilungen betraut ist, insbesondere bei Presse und Verwaltung sowie im Rechts- und Konsularbereich.

In manchen Sprachen hat sich eine personelle Verzahnung in Form einer regelmäßigen Rotation zwischen Zentrale und Botschaften etabliert, so vor allem in den mittel- und osteuropäischen Ländern und in China. Die Botschaften in Amerika, den meisten west- und nordeuropäischen Staaten sowie den asiatischen und arabischen Staaten beschäftigen in den Sprachendiensten hingegen fast ausschließlich Ortskräfte der betreffenden Landessprache und Nationalität. Einen besonderen Status als „permanent Entsandte" mit festem Dienstort haben die Sprachendienstleiter der Botschaften Kabul, Tokio und Ulan Bator.

Da im Sprachendienst der Zentrale nur fünfzehn Fremdsprachen vertreten sind, kommt der Zuarbeit der Auslandssprachendienste besondere Bedeutung zu. Dazu gehören so wichtige Sprachen wie Türkisch und Japanisch, die skandinavischen Sprachen oder auch die Amtssprachen der GUS-Staaten.

Generell ist eine Arbeitsteilung zwischen Zentrale und Auslandsvertretungen schon aus wirtschaftlichen Gründen sinnvoll. Daher sind alle Delegationen aus Bundes- und Landesbehörden bei Auslandsbesuchen gehalten, benötigte dolmetscherische Unterstützung über den eigenen Sprachendienst beim Dolmetschdienst des Auswärtigen Amts anzumelden. Häufig erübrigt sich die Mitnahme von Dolmetschern aus Berlin oder die Rekrutierung von Freiberuflern vor Ort, wenn die Botschaften über freie Kapazitäten und entsprechend qualifiziertes Personal verfügen.

War noch vor 25 Jahren eine solche Unterstützung durch die Botschaftssprachendienste nur in Ausnahmefällen möglich, so wird heute jeder dritte vom zentralen Dolmetschdienst organi-

Die Simultan-Dolmetscher Simone Hess und Dr. Roland Schmieger in Aktion. Foto: Politisches Archiv Auswärtiges Amt

sierte Dolmetscheinsatz von Mitarbeitern der Auslandsvertretungen wahrgenommen. Von dieser Entwicklung, die erst durch die zentralen Dolmetscherlehrgänge möglich wurde, profitiert nicht nur das eigene Haus, sondern eine ganze Reihe von Bundes- und Landesbehörden – allen voran der Deutsche Bundestag, dessen Delegationen häufig auf die Dienste des Auswärtigen Amts zurückgreifen.

Amtshilfe und freiberufliche Vergabe

Aufträge, die weder mit eigenem Personal noch durch Zuarbeit der Botschaftssprachendienste erledigt werden können, werden gelegentlich im Wege der Amtshilfe durch Sprachendienste anderer Ressorts erledigt. Dies bietet sich insbesondere dann an, wenn ressortspezifische Themen betroffen sind. Umgekehrt leistet der Sprachendienst des Auswärtigen Amts häufig Amtshilfe in den Sprachen, die in anderen Bundesbehörden nicht vertreten sind.

Bei der gewährten Amtshilfe steht der Sprachendienst des Bundestages mit Abstand an erster Stelle.

Pro Jahr fallen Dolmetscheinsätze und Übersetzungen in bis zu 50 Sprachen an. Daher werden Aufträge in seltenen Sprachen und Sprachkombinationen sowie Auftragsspitzen auch freiberuflich vergeben. Hierbei legt das Auswärtige Amt besonderen Wert auf die Qualifikation der Freiberufler. Diese müssen ihre Befähigung entweder durch zuverlässige Referenzen oder durch einen Eignungstest nachweisen. Eine Auftragsvergabe an Büros oder Agenturen geschieht nur in absoluten Ausnahmefällen, da die Qualität solcher Übersetzungen erfahrungsgemäß großen Schwankungen unterliegt und ein unmittelbarer Kontakt mit dem Auftragnehmer aus den verschiedensten Gründen nicht möglich ist.

Der Anteil der freiberuflichen Vergabe variiert je nach Produkt außerordentlich stark. Während im Übersetzungsdienst der Freiberufleranteil zwischen 10 und 20 Prozent schwankt, erreicht er im Dolmetschdienst in manchen Jahren 25 Prozent. Im Sprachlernzentrum ist die Beauftragung freiberuflicher Dozenten die Regel; der freiberufliche Anteil erreicht hier sogar 95 Prozent.

Sprachenpalette

Auch der Anteil der einzelnen Sprachen ist in den einzelnen Diensten sehr unterschiedlich. Während Englisch als Ausgangs- und vor allem als Zielsprache im Übersetzungsdienst mit einem Anteil von fast 60 Prozent unangefochten auf Platz 1 steht, gefolgt von Französisch und Spanisch, ist die Verteilung der Sprachen im Dolmetschdienst wesentlich gleichmäßiger. Englisch erreicht auch hier meist die Spitzenposition, allerdings mit einem Anteil von „nur" zirka 20 Prozent, dicht gefolgt von Französisch und Russisch. Dahinter rangieren mit Chinesisch und Arabisch bereits zwei nicht europäische Sprachen.

Im Sprachlernzentrum spielen Englisch und Französisch hingegen eine eher untergeordnete Rolle, da die Beherrschung des

Aufnahmen für ein Lehrwerk

Foto: Politisches Archiv Auswärtiges Amt

Englischen und einer weiteren UNO-Sprache (meist Französisch) für den höheren und gehobenen Auswärtigen Dienst Einstellungsvoraussetzung ist. Stark gefragt und besonders gefördert werden hier strategisch wichtige Sprachen wie Russisch, Arabisch, Chinesisch, Japanisch oder Türkisch.

Anforderungen

Die Anforderungen für eine Festanstellung als Konferenzdolmetscher im Auswärtigen Amt unterscheiden sich in mancherlei Hinsicht von den Bedürfnissen internationaler Organisationen oder des freien Marktes. Benötigt werden Dolmetscher mit Deutsch als A- oder starker B-Sprache und zwei weiteren Sprachen, die vor allem überdurchschnittliche Leistungen im Konsekutivdolmetschen vorweisen können. Simultaneinsätze haben allerdings in den letzten Jahren deutlich zugenommen; meist wird dabei aber nur aus einer Fremdsprache in die Muttersprache gearbeitet.

Daraus ergibt sich, dass es bei uns nicht auf eine Vielzahl von C-Sprachen ankommt, sondern neben dem souveränen Umgang mit der A-Sprache die solide Beherrschung von ein bis zwei B-Sprachen ausschlaggebend ist; denn bei Konsekutiveinsätzen werden – mit Ausnahme von Englisch und Französisch – überwiegend Beiträge der eigenen Regierungsvertreter gedolmetscht, während die Dolmetscher der Gegenseite ins Deutsche arbeiten.

Hinzu kommt, dass im Auswärtigen Amt bei etlichen Sprachen zwischen dem Sprachendienst der Zentrale und den Auslandvertretungen des Sprachraums der B- bzw. A-Sprache eine Rotation praktiziert wird. Das hat zur Folge, dass bei diesem Personenkreis die aktiven Kenntnisse in der zweiten Fremdsprache im Laufe der Jahre verkümmern und man nur noch in einer B-Sprache eingesetzt wird.

Eminent wichtig sind ein sicheres und gleichzeitig dezentes Auftreten, ein Gespür für politische Empfindlichkeiten und sonstige atmosphärische Störungen, ein Höchstmaß an Flexibilität, absolute Diskretion und eine robuste Physis. Sechzehn-Stunden-Einsätze, Wochenendtermine und anstrengende Überseereisen sind nicht die Ausnahme, sondern eher der Normalfall.

Wie für die Konferenzdolmetscher gilt auch für die im Auswärtigen Amt angestellten Übersetzer, dass kein technisches Spezialwissen verlangt wird, sondern vielmehr eine weit überdurchschnittliche Allgemeinbildung sowie fundierte Kenntnisse in den Bereichen Internationale Beziehungen, Völker- und Europarecht, Wirtschaft und Finanzen vorausgesetzt werden. Übersetzt wird meist aus zwei Fremdsprachen in die Muttersprache. Hinzu kommt nach Abschluss der Einarbeitungszeit die schrittweise Übernahme von Überprüfungsaufgaben aus der Muttersprache in eine oder mehrere Fremdsprachen und umgekehrt.

Von Übersetzern wie Dolmetschern wird erwartet, dass sie die Ergebnisse ihrer terminologischen Recherchen in die Datenbanken des Sprachendienstes einbringen, indem sie entweder unter Anleitung eines Terminologen in Terminologie-Arbeitsgruppen mitarbeiten oder selbständig den Datenbestand ihrer Arbeitssprache pflegen.

Konferenz-Dolmetscher während der UN-Afghanistan-Konferenz am 31. März 2004 in Berlin. Foto: Politisches Archiv Auswärtiges Amt

Vielsprachigkeit

Anders als noch in den zwanziger und dreißiger Jahren des letzten Jahrhunderts sind Kenntnisse in möglichst vielen Sprachen heutzutage bei den Mitarbeitern des Sprachendienstes nicht mehr sonderlich gefragt, denn im Zeitalter der Vollvernetzung kann das Auswärtige Amt rund um den Erdball auf Spezialisten für nahezu alle Sprachrichtungen zurückgreifen. Durch eine gezielte Einstellungspolitik an seinen Auslandsvertretungen verfügt das Auswärtige Amt zudem über ein großes Reservoir an hervorragenden Übersetzern, die Texte aus dem Deutschen in mehr als 50 Sprachen übertragen können.

Dennoch gab es auch in den letzten Jahrzehnten im Sprachendienst einige „Sprachengenies", die es zumindest passiv auf eine zweistellige Zahl von Fremdsprachen brachten, wobei nur ein Bruchteil dieser Sprachen dienstlich verwertet werden konnte.

Besondere Erwähnung verdient in diesem Zusammenhang Dr. Dr. Kurt Dencker, der – weit über die Altersgrenze hinaus – bis Anfang der siebziger Jahre als Vertragsübersetzer tätig war. Auf eine beachtliche Anzahl von Fremdsprachen brachte es auch der Kanadier Dr. Robert Elsie, der nach einer fünfjährigen Übersetzertätigkeit im Sprachendienst überwiegend freiberuflich als Dolmetscher und Übersetzer für Albanisch und Englisch arbeitete, aber auch griechische Lyrik übersetzte, oder der frühere Leiter des Sprachlernzentrums Dr. Hans Andreas Poetzelberger, der unter anderem als Indonesisch-Dolmetscher auf höchster politischer Ebene im Einsatz war. Nach seiner Pensionierung unterrichtete er gelegentlich am Institut für Orient- und Asienwissenschaften der Universität Bonn – womit sich der Kreis zu den Dragomanen des neunzehnten und frühen zwanzigsten Jahrhunderts wieder schließt.

Wiener Kongress, 1814/15: Sitzung der Bevollmächtigten der unterzeichnenden acht Großmächte. Kupferstich von Jean Godefroy, 1819. Quelle: Westfälisches Landesmuseum Münster

Sprachkenntnisse
Schlüsselqualifikation im Auswärtigen Dienst
Gunnar Hille

Außenpolitik besteht zu wesentlichen Teilen aus Kommunikation zwischen Menschen verschiedener Länder. Vom Gelingen oder Misslingen dieser Kommunikation hängen weitgehend die Erfolge oder Misserfolge der Außenpolitik ab. Zu den wichtigsten Fähigkeiten eines Außenpolitikers oder Diplomaten gehört es, die Gesprächspartner fremder Länder zu verstehen und sich ihnen verständlich zu machen.
Gerhard Maletzke: Interkulturelle Kommunikation, 1996

Durch die immer komplexeren und komplizierteren Zusammenhänge in unserer Welt nach Auflösung der Bipolaritäten Ost/West und Nord/Süd hat sich im „globalen Dorf" auch die Rolle von Diplomaten und Botschaften verändert. Dank moderner Informationstechnologie und neuer politischer Strukturen – so die Stärkung der EU-Außenpolitik durch einen eigenen Europäischen Auswärtigen Dienst – werden die großen politischen Themen nicht mehr nur von den Botschaften, sondern vermehrt auch direkt zwischen den Entscheidungsträgern auf der politischen Ebene verhandelt. Diese Tendenz gibt es schon seit der vom früheren deutschen Außenminister Hans-Dietrich Genscher gestarteten „Reisediplomatie", die deutlich mehr Konsultationen und Arbeitsbesuche zwischen Außenministern auf bilateraler Ebene neben den Treffen im multilateralen Bereich (Vereinte Nationen, OSZE etc.) zur Folge hatte.

Die Rolle der Botschaften und Konsulate wurde dadurch zwar nicht geschwächt, ihre Aufgaben haben sich jedoch mehr in den öffentlichen Bereich verlagert, von der Diplomatie hinter verschlossenen Türen hin zu einer modernen Presse- und Öffentlichkeitsarbeit, die über die Medien des Gastlandes für eigene Positionen wirbt. Gerade hier ist die Kenntnis der Landessprache

Berliner Kongress 1878. Auf dem Gemälde von Anton von Werner Bismarck u. a. mit Fürst Alexander Michailowitsch Gortschakow, Pjotr Andrejewitsch Schuwalow (Russland), Benjamin Disraeli (England) und Graf Gyula Andrássy (Ungarn). Rechts im Hintergrund „die Graue Eminenz" des Auswärtigen Amts, Friedrich August von Holstein, 1881. Quelle: Land Berlin, Rotes Rathaus

eine Schlüsselqualifikation, deren Wert kaum zu überschätzen ist. Jeder erfahrene Mitarbeiter des Auswärtigen Amts weiß, dass man seinem Gesprächspartner „ein Gesicht gibt", wenn man seine Sprache spricht, und ihm umgekehrt das Gesicht nimmt, wenn man kein Interesse für seine Sprache und Kultur zeigt.

Hochrangige Diplomaten treten heute vermehrt im Fernsehen des Gastlandes auf, mit Interviews oder in Talkshows. Dass man auf diesem Weg gute Überzeugungsarbeit leisten kann, zeigen zwei Beispiele:

Als Russland 2009 in Georgien Kriegshandlungen vollzog, war der damalige Botschafter der Russischen Förderation in Deutschland, Vladimir Kotenev, fast jeden Abend in einer wichtigen TV-Sendung zu Gast. Er konnte in bestem Deutsch die russische Haltung darlegen, womit er nicht nur den Verstand, sondern mit Hilfe des Landessprache auch die Herzen der deutschen Zuschauer erreichte. Die Wirkung auf die öffentliche Meinung in Deutschland war umfassend und nachhaltig.

Als Deutschland in einigen islamischen Ländern 2009 wegen

der Ermordung einer Muslimin in einem deutschen Gerichtssaal am Pranger stand, trat der deutsche Botschafter in Kairo, Bernd Erbel, vor die Fernsehkameras und stellte in bestem Arabisch klar, wie sehr das deutsche Volk und seine Regierung diese Tat verabscheuten. Der Volkszorn, der sich schon lautstark und zunehmend gewalttätig vor der Botschaft entladen hatte, konnte auf diese Weise entschärft und teilweise gar in Sympathie umgelenkt werden.

Ähnliches gelang dem deutschen Botschafter in Malaysia, Günther Gruber, der mit seinen guten Malaiisch-Kenntnissen den zunächst sehr kritisch gesonnenen Journalisten klarmachen konnte, dass die Deutschen diese Bluttat ebenso verabscheuten wie die moslemische Welt.

Aber nicht nur auf hoher diplomatischer Ebene, sondern in allen Tätigkeitsbereichen einer deutschen Auslandsvertretung ist die Landessprache wichtiges Arbeitsinstrument. Wenn der deutsche technische Hausmeister an der Moskauer Botschaft, Wolfgang Warncke, seine russischen Mitarbeiter in russischer Sprache bat, abends für bestimmte Aufgaben länger im Dienst zu bleiben, war die Resonanz ungleich besser als bei der Verständigung über einen Dolmetscher.

Ohne ausreichende Fremdsprachenkenntnisse der in den Botschaften und Konsulaten Beschäftigten ist die umfassende Verfolgung unserer außenpolitischen Ziele kaum möglich. Die Sprache ist das Arbeitsinstrument Nr. 1 und somit eine Schlüsselqualifikation.

Effizienz und Erfolg der deutschen Auslandsvertretungen hängen zu einem großen Teil vom Stand der Sprach- und Landeskenntnisse der Mitarbeiter ab. Sind diese Kenntnisse nicht vorhanden, werden die Akteure natürlich von Dolmetschern und Übersetzern unterstützt, ebenso bei komplizierten Themen oder Vertragsverhandlungen.

Die Unterzeichnung des Friedensvertrages im Spiegelsaal von Versailles, 1919. Gemälde von William Orpen

Rückblick

Schon das Deutsche Reich und Kanzler Bismarck – angeblich verärgert darüber, dass ihm beim Berliner Kongress 1878 kein Dolmetscher für das Türkische zur Verfügung stand – erkannten die Notwendigkeit, die Fremdsprachenkenntnisse seiner Diplomaten und der mit dem Ausland befassten Staatsdiener zu fördern und gleichzeitig qualifizierte Dolmetscher und Übersetzer auszubilden.

Die Folge war die Gründung des „Seminars für Orientalische Sprachen" (SOS) 1887 an der Friedrich-Wilhelms-Universität in Berlin, dessen Absolventen vor allem als Dolmetscher und Übersetzer im Auswärtigen Amt (AA), daneben aber auch in den anderen mit Außenhandel und kolonialen Aufgaben befassten Institutionen aktiv wurden. In diesem Seminar wurden – anders als in den Universitäten, wo Sprachen unter philologischen Aspekten untersucht und weniger gesprochen wurden – praktische Sprachkenntnisse vermittelt, also die Kommunikationsfähigkeit erarbeitet, und dies vor allem in Chinesisch, Türkisch, Japanisch Arabisch und Persisch, daneben auch in afrikanischen Sprachen. Ab 1897 kamen dann auch 20 europäische Sprachen dazu. Einer der erfolgreichsten Absolventen des „Seminars für Orientalische Sprachen" war der Jurist Emil Krebs.

Sofern Sprachkenntnisse in der Landessprache nicht zur Verfügung standen, stützten sich Diplomaten bis zum Zweiten Weltkrieg in erster Linie auf das Französische als Lingua franca, bevor mit wachsendem Einfluss der angloamerikanischen Welt das Englische zum weltumfassenden Verständigungsmedium aufstieg.

Dennoch war die Rolle der Sprache des jeweiligen Gastlandes für deutsche Diplomaten und Botschaftsbeschäftigte zu allen Zeiten das wichtigste Medium, um Informationen sammeln und deutsche Positionen darlegen zu können. Das Beispiel von Emil Krebs als langjährigem Dolmetscher in Chinas zeigt, was ein Dolmetscher, Diplomat oder sonstiger Botschaftsangehöriger mit guten Sprachkenntnissen im Gastland bewegen kann. Daher hat

Potsdamer Konferenz, 1945. Foto Bundesarchiv

das Auswärtige Amt seinen Beschäftigten vor Antritt eines Aus-
landspostens stets die Möglichkeit zum Erlernen der Sprache des
Gastlandes geboten, auch wenn diese Ausbildung sich nicht mit
dem gediegenen Studium am Seminar für Orientalische Sprachen
messen konnte.

Im Unterschied zu den Lebzeiten von Emil Krebs ist die Diplomatie nach dem Zweiten Weltkrieg viel flexibler und dynamischer
geworden. Häufige Ortswechsel sowie der Sprung zwischen den
Tätigkeitsbereichen Politik, Kultur, Presse, Wirtschaft und Proto-
koll bei jeder Versetzung erforderten von den Angehörigen des
Auswärtigen Amtes größtmögliche Flexibilität. Personalpoliti-
sches Ziel des Ministeriums war und ist es teilweise noch heute,
die Diplomaten des höheren und des gehobenen Dienstes alle
Fachgebiete und möglichst viele Länder/Sprachen und Funktionen durchlaufen zu lassen, damit sie später als Botschafter, Generalkonsul oder Kanzleichef) alle zu verantwortenden Bereiche einer Auslandsvertretung aus eigener Anschauung kennen konnten.

Dieses sogenannte Generalistenprinzip funktionierte im 20. Jahrhundert gut, stößt aber in einer Welt mit immer komplexeren Sachverhalten an natürliche Grenzen. Es wird deutlich, dass eine stärkere fachliche und sprachliche Spezialisierung dem Einzelnen wie dem Auswärtigen Amt insgesamt einen größeren Nutzen bringt. Wer in mühevoller Arbeit gute Kenntnisse in einer schwierigen Sprache aufgebaut hat, möchte sie auch sinnvoll einsetzen.

Nach der Neuformierung des Auswärtigen Amts 1951 wurde die Ausbildung der Amtsangehörigen in den sogenannten Grundsprachen Englisch und Französisch immer wichtiger. Beide Sprachen sind bis heute für die Laufbahnen des gehobenen (vor allem konsularischen) und höheren (diplomatischen) Dienstes Pflichtprogramm, ihre umfassende Beherrschung ist von allen Absolventen in der anspruchsvollen Laufbahnprüfung nachzuweisen.

Die Kenntnis der Sprachen aller sonstigen Länder, in denen die Bundesrepublik Auslandsvertretungen unterhält, wurde zwar stets als wünschenswert, in manchen Fällen sogar als dringend erforderlich angesehen. Meistens jedoch reicht die Vorbereitungszeit der deutschen Botschafts- und Konsulatsangehörigen auf den künftigen Posten nicht aus, um die jeweilige Landessprache so zu erlernen, dass die Kommunikation auf allen Ebenen und zu komplizierteren Sachverhalten ohne Sprachmittler erfolgen kann.

Lediglich in den romanischen und germanischen Sprachen wurden auch bei kürzerem Sprachtraining von wenigen Monaten gute Resultate erzielt, meist dank der hohen Motivation der Botschaftsangehörigen, die den Nutzen guter Sprachkenntnisse für ihre Tätigkeit zu schätzen wussten und die Mühen des Spracherwerbs neben einem Arbeitstag auf sich nahmen. Bis 1991 mussten die Lernenden sogar noch einen eigenen finanziellen Beitrag zu ihren Sprachkursen leisten, und bis 1956 gab es Zuschüsse vom Arbeitgeber lediglich für die schwierigeren Sprachen der sogenannten Kategorie C und D, etwa den orientalischen und fernöstlichen Sprachen wie Arabisch, Chinesisch, Japanisch, jedoch nicht für die westeuropäischen und die slawischen Sprachen. Im-

Konferenz der Botschafter aus Asien im Weltsaal des Auswärtigen Amts in Bonn, 1965. Foto: Politisches Archiv Auswärtiges Amt

merhin konnten Amtsangehörige schon zwischen den Weltkriegen eine „Sprachenzulage" als Anerkennung erhalten, sofern sie eine einschlägige Prüfung erfolgreich absolviert hatten.

Der deutsche Diplomat des 20. Jahrhunderts brachte es im Laufe einer zirka 35-jährigen Berufstätigkeit auf fünf bis sieben Auslandsposten (und ebenso viele etwa dreijährige Tätigkeiten in der AA-Zentrale), die im Sinne des Generalistenprinzips meist über die Kontinente verteilt waren. Entsprechend beherrschte er neben Englisch und Französisch drei bis fünf weitere Sprachen mehr oder weniger gut. In den meisten Fällen ermöglichten solche Sprachkenntnisse eine allgemeine Konversation mit den Vertretern des Gastlandes, jedoch nicht den vertieften Austausch in diplomatischen, konsularischen oder technischen Angelegenheiten. Hierfür wurden und werden Dolmetscher (meist in der Auslandsvertretung eingesetzte Ortskräfte aus dem Gastland) herangezogen. Ist kein Dolmetscher verfügbar, muss oft auf eine Drittsprache, heute meist auf Englisch, zurückgegriffen werden.

Auch die Gewinnung von Informationen aus den Medien kann mit diesen Grundkenntnissen nur in Grenzen erfolgen; meist sind es die Ortskräfte, die relevante Zeitungs- und Medienmeldungen zu übersetzen haben, damit sie von den entsandten Botschaftsangehörigen ausgewertet werden können.

Das Auswärtige Amt hat die Förderung der Fremdsprachenkenntnisse seiner Beschäftigten seit den sechziger Jahren des 20. Jahrhunderts kontinuierlich ausgebaut. Das Sprachtraining ist Aufgabe des Sprachendienstes („Referat 105"), der in erster Linie die Dolmetscher und Übersetzer für das AA selbst, aber auch – wie schon seit Gründung des Deutschen Reiches – für den jeweiligen Staats- und Regierungschef stellt, also für Bundespräsidenten und Bundeskanzler sowie deren Ämter.

War die Sprachausbildung der Amtsangehörigen bis 1990 noch eher ein Nebenprodukt des Sprachendienstes, so verbesserten sich mit Verabschiedung des „Gesetzes über den Auswärtigen Dienst" (GAD) die Möglichkeiten einer zielgerichteten und professionalisierten Sprachausbildung spürbar. Im GAD ist die Notwendigkeit guter Sprachkenntnisse für die Amtsangehörigen (und auch ihre mitausreisenden Partner/-innen) festgeschrieben. Damit waren die gesetzlichen Grundlagen für das AA geschaffen, in eigener Regie die Sprachausbildung auszuweiten und zu professionalisieren. (Im GAD wurde auch der Aufbau einer Personalreserve im AA festgeschrieben, die eine längere Freistellung für das Sprachtraining und die inhaltliche Vorbereitung auf den künftigen Posten ermöglichen sollte. Allerdings haben die Perso-

Vertrag über die abschließende Regelung in Bezug auf Deutschland (Zwei-plus-Vier-Vertrag), 1990.
Foto: Politisches Archiv Auswärtiges Amt

naleinsparungen in allen Bundesministerien in den letzten Jahren dieses Ziel ausgehebelt, so dass die Zeitknappheit – bei aller Motivation und Sprachbegabung der Beteiligten – auch heute noch der größte Störfaktor beim Aufbau guter Sprachkenntnisse ist.)

Die Sprachfortbildung im Auswärtigen Dienst heute

Das Sprachlernzentrum (SLZ) in der AA-Zentrale in Berlin plant und organisiert im Inland jährlich etwa 500 Kurse in über 70 Fremdsprachen. Es betreut zudem zirka 1500 Amtsangehörige im Ausland, die sich den Sprachunterricht mit ortsansässigen Lehrkräften und Instituten in der Regel selbst organisieren, dabei jedoch inhaltlich und finanziell vom SLZ unterstützt werden.

Da Englisch und Französisch als Grundsprachen für fast alle Laufbahnen vorausgesetzt werden, stehen vor allem Sprachen wie Arabisch (200 vom SLZ geförderte Lernende in 2010), Chinesisch (158), Russisch (332), Türkisch (197 Kurse) oder Polnisch

(108 geförderte Personen) im Zentrum der Aufmerksamkeit des SLZ. Aber auch „kleinere" Sprachen wie Laotisch (1 Geförderter in 2010), Nepalesisch (2) oder Kambodschanisch (2) werden unterrichtet.

Die Sprachkurse in der Zentrale werden überwiegend einige Monate vor dem einheitlichen Versetzungstermin im Sommer eines jeden Jahres eingerichtet und finden dienstbegleitend (also neben einem meist harten Arbeitstag) statt. Daneben gibt es jedoch auch Intensivkurse auf allen Hierarchie- und Sprachebenen, die unter Teil- oder Vollfreistellung des Amtsangehörigen vom Diensttag stattfinden. Mitausreisende Partner/-innen sind bei den Kursen ebenfalls willkommen.

Die etwa 250 Sprachdozenten für die knapp 80 Fremdsprachen sind ausnahmslos freiberuflich für das Sprachlernzentrum des Auswärtigen Amts tätig. Sie sind hochqualifiziert (häufig an den Berliner Universitäten tätig) und – angesichts meist guter Lernerfolge – auch stark motiviert. Der Unterricht wird nach wie vor zum Großteil in herkömmlichen Präsenzkursen durchgeführt, aber immer mehr durch zusätzliches Sprachtraining mit modernen Medien unterstützt. Hierdurch wird eine größere Flexibilität bei Abwesenheiten, aber auch bei der zeitlichen Beschäftigung mit der Fremdsprache erreicht.

Ausblick

Die Zukunft wird für die Angehörigen des Auswärtigen Dienstes auch beim Sprachtraining große Veränderungen bringen. Natürlich wird es weiterhin Präsenzunterricht (im Klassenverband oder als Einzelkurs) geben. Dennoch wird eine größere Unabhängigkeit vom Zeitpunkt und vom Ort des Unterrichts angestrebt, und dies ist mit Hilfe von IT-gestützten Kursen und einer maßgeschneiderten Lernplattform möglich und sinnvoll.

Wichtig für den Lernerfolg ist die sogenannte Lernerautonomie, die den Lernenden in die Lage versetzt, seinen Kenntnisstand,

Der Gesandte Alfons Mumm von Schwarzenstein mit chinesischen Gästen. Im Hintergrund links außen Emil Krebs, Peking 1902

seine Lernleistung und vor allem seine –ziele selbst zu definieren beziehungsweise anzusteuern. Er wird dabei natürlich stets die Unterstützung des SLZ haben, jedoch sollte der Lernende in der Lage sein, einem Sprachlehrer im Ausland seine Bedürfnisse, aber auch seine Lerngewohnheiten und -ziele klarzumachen, so dass er den Unterricht gemeinsam mit dem Lehrer steuern kann.

Das beste Beispiel für eine vollständige Lernerautonomie ist Emil Krebs, der nach der Studienphase sämtliche Sprachen in eigener Regie erlernt hat. Er wusste, wie er sich die Aussprache zu erschließen hatte, wie er sich die fremden Worte ins Gedächtnis einprägen konnte und wie er sich die Sprache als Gesamtkonstruktion aneignen konnte. Denn mit wachsender Erfahrung beim Erlernen einer Fremdsprache nimmt auch die Kenntnis über die eigenen Lernmöglichkeiten und -gewohnheiten zu, so dass man sich eine eigene Lernstrategie erarbeiten kann, die schneller zum Ziel führt.

Wenngleich es sicherlich heutzutage keine mit Emil Krebs vergleichbaren Mitarbeiter im Auswärtigen Dienst gibt (vielen fehlt einfach die Zeit für ausgedehnte Sprachstudien neben einem stets anspruchsvollen Dienst), so hat das Auswärtige Amt in seinen Reihen doch zahlreiche sehr sprachbegabte Mitarbeiter, die zu schulen und zum Lernerfolg zu führen viel Freude bereitet. Dennoch ist es oberstes Ziel der Sprachfortbildung, möglichst allen Amtsangehörigen in allen Laufbahnen das nötige sprachliche Rüstzeug für eine erfolgreiche und befriedigende Tätigkeit zu vermitteln. Und indirekt werden alle diejenigen davon profitieren, die im In- oder Ausland die Dienste des Auswärtigen Amts in Anspruch nehmen, aber auch die Bürger unseres Landes insgesamt, wenn die deutsche Außenpolitik weltweit Erfolge erzielen kann. Eine gelungene Kommunikation ist dafür unabdingbare Voraussetzung.

Literaturempfehlungen

Ferdinand von Richthofen
China. Ergebnisse eigener Reisen, 1877
Schantung und seine Eingangspforte Kiautschou, 1898
Elisabeth von Heyking
Briefe, die ihn nicht erreichten, 1904
Alfons von Mumm
Ein Tagebuch in Bildern, 1905
Wilhelm Schrameier
Kiautschou. Seine Entwicklung und Bedeutung, 1915
Wilhelm Matzat
Die Tsingtauer Landordnung des Chinesenkommissars Wilhelm Schrameier
Emil Krebs – Das Sprachwunder
www.tsingtau.org
Hans-Martin Hinz und Christoph Lind (Herausgeber)
Tsingtau. Ein Kapitel deutscher Kolonialgeschichte, 1998
Horst Gründer
Christliche Mission und deutscher Imperialismus, 1982
Geschichte der deutschen Kolonien, 1995
Helmut Stoecker
Deutschland und China im 19. Jahrhundert, 1958
Max von Brandt
Dreiunddreissig Jahre in Ost-Asien, 1901
Alfred von Tirpitz
Erinnerungen, 1919
Otto Franke
Erinnerungen aus zwei Welten, 1954
Werner Otto von Hentig
Mein Leben – Eine Dienstreise, 1963
Helmuth von Glasenapp
Meine Lebensreise, 1964

Hans-Alexander Kneider
Globetrotter Abenteurer Goldgräber. Auf deutschen Spuren im alten Korea, 2010
Walter Leifer
Paul Georg von Möllendorff. Ein deutscher Staatsmann in Korea, 1988
Wilhelm von Humboldt
Über die Sprache. Ausgewählte Schriften, 1985
Eduard Sachau
Denkschrift über das Seminar für Orientalische Sprachen, 1912
Otto Julius Bierbaum
Studentenbeichten, 1892
Wilhelm Grube/Emil Krebs, Berthold Laufer (Herausgeber)
Chinesische Schattenspiele, 1915
Hans Dieter Schreeb
Hinter den Mauern von Peking, 2001
Peter Hahn
Berliner Friedhöfe in Stahnsdorf, 2010

Die Autoren

Katrin Amunts

Geboren in Potsdam. Nach dem Studium der Humanmedizin und Biophysik in Moskau wissenschaftliche Mitarbeiterin am Forschungszentrum Dummerstorf. 1989 Promotion an der Lumumba Universität Moskau. 1992 Approbation als Ärztin. 1992 Wissenschaftliche Mitarbeiterin am Fraunhofer-Institut Berlin. 1992 bis 1999 Wissenschaftliche Mitarbeiterin am C. & O. Vogt Institut für Hirnforschung der Heinrich Heine Universität Düsseldorf. 1999 eigene Arbeitsgruppe „Brain Mapping" am Institut für Medizin des Forschungszentrums Jülich. Katrin Amunts ist seit 2004 Universitätsprofessorin an der Medizinischen Fakultät der Rheinisch-Westfälischen Technischen Hochschule Aachen und seit 2008 Direktorin am Institut für Neurowissenschaften und Medizin des Forschungszentrums Jülich. Ihr Spezialgebiet ist die Entwicklung eines dreidimensionalen Modells des menschlichen Gehirns auf der Grundlage von Mikrostruktur, molekularer Organisation und Hirnfunktion. Ihr besonderes Interesse gilt der Sprache.

Otto Julius Bierbaum

Der Schriftsteller Otto Julius Bierbaum (1865-1910) studierte Jura, Philosophie und – wie Emil Krebs – Chinesisch am Seminar für Orientalische Sprachen an der Friedrich-Wilhelms-Universität zu Berlin. 1889 gab er das Studium auf. Er schrieb Feuilletons und wurde später Redakteur und Herausgeber verschiedener Zeitschriften 1893 erschienen seine Erzählungen „Studenten-Beichten". Es folgten unter anderem 1895 das Singspiel „Lobetanz", 1897 „Stilpe. Ein Roman aus der Froschperspektive", 1899 der Essay „Stuck", 1900 das Ballett „Pan im Busch" sowie 1903 der Reisebericht „Eine empfindsame Reise im Automobil". Zu empfehlen ist die Lektüre der von Bierbaum selbst verfassten „Vita autoris".

Harald Braun

Geboren 1952. Kaufmännische Lehre 1973–1975 bei IBM Deutschland. 1975–1979 Studium der Volkswirtschaftslehre, Geschichte und Literaturwissenschaft in Tübingen und New York M.A. (Economics) State University of New York at Stony Brook. 1980 Promotion, Stony Brook. 1981 Eintritt in den Auswärtigen Dienst. 1983 Wirtschafts- und Kulturreferent, Botschaft Beirut. 1985 Pressereferent, Botschaft London. 1988 Personalabteilung Auswärtiges Amt. 1991 Botschafter in Burundi. 1992 Leitungsstab Auswärtiges Amt. 1994 Leiter des Parlaments- und Kabinettsreferats im Auswärtigen Amt. 1997 Gesandter, Leiter der Politischen Abteilung, Botschaft Washington. 2002 Botschafter z.b.V. Abteilung für Globale Fragen, Auswärtiges Amt. 2003 Leiter der Gruppe Außen- und Sicherheitspolitik Bundeskanzleramt. Ab 2005 Corporate Senior Vice President Global Government Affairs Siemens AG München. Seit März 2008 Honorarprofessor (Global Studies and Diplomacy) State University of New York at Stony Brook. 2008 Gesandter und Ständiger Vertreter, Botschaft Paris. 2010 Leiter der Zentralabteilung Auswärtiges Amt. Seit Juli 2011 Staatssekretär des Auswärtigen Amts.

Peter Hahn

Geboren in Sonneberg, unternahm 1973 in einem Kofferraum seine kürzeste und teuerste Reise von Ost- nach West-Berlin. Von 1974 bis 1979 Programmgestalter der Berliner Festspiele, danach Direktor des Theater am Turm in Frankfurt am Main. 1992 Gründungsdirektor des Künstlerhauses Schloss Wiepersdorf. Initiierte 2003 die „Lange Nacht auf dem Südwestkirchhof". Seit 1986 Autor für die „Frankfurter Allgemeine Zeitung". Publikationen: Literatur in Frankfurt, 1987. Zerstörung-Verlust-Erinnerung, 1988. Südwestkirchhof Stahnsdorf, 2003. Staats- und Domchor Berlin, 2004. Teltowkanal. Herausgegeben von Peter Hahn und Jürgen Stich, 2006. Berliner Friedhöfe in Stahnsdorf, 2010.

Gunnar Hille

Jahrgang 1953, Slavist, leitet seit 1993 das Sprachlernzentrum des Auswärtigen Amts in Berlin. Von 1982 bis 1987 Dolmetscher und Übersetzer für Bulgarisch an der Botschaft Sofia, danach in dieser Funktion in der AA-Zentrale in Bonn. Nach der Wiedervereinigung Deutschlands Einsatz für die Einbeziehung der osteuropäischen Länder in westliche Strukturen in verschiedenen Bereichen des Auswärtigen Amts in Berlin. Seit Gründung des Deutsch-Bulgarischen Forums im Jahr 1996 dort im Vorstand aktiv. Publikationen zu Fragen der Sprachdidaktik, zur Sprachenpolitik sowie literaturwissenschaftlicher Natur.

Eckhard Hoffmann

Geboren am 26. Juni 1941 in Esdorf/Schlesien. Verheiratet, zwei Söhne. 1946 Vertreibung nach Ahlshausen/Niedersachsen. 1958 Mittlere Reife Realschule Kreiensen. 1959 Abschluss Höhere Handelsschule Goslar. 1962 Abschluss Lehre zum Sozialversicherungsfachangestellten bei der Barmer Ersatzkasse Bezirksverwaltung Essen. 1972 stellv. Abteilungsleiter Hauptbuchhaltung, ab 1988 Abteilungsleiter Hauptbuchhaltung der Barmer Hauptverwaltung Wuppertal. Neben Bilanz- und Berichterstellung verantwortliche bundesweite Entwicklungen und Anweisungen für den Bereich Rechnungswesen der Barmer Ersatzkasse: u.a. dialoggesteuerte Sachbearbeitung, Einführung Pflegeversicherung. Erweiterung des Geschäftsbereiches nach der Wiedervereinigung. 2003 Altersteilzeit und Umzug nach Potsdam-Golm.

Antonio Reda

Geboren 1952 in Mendicino (Italien). 1971-76 Übersetzerstudium in den Sprachen Französisch und Italienisch an der Universität des Saarlandes in Saarbrücken. Seit 1976 im Sprachendienst des Auswärtigen Amts, zunächst als Leiter des Fachbereichs Terminologie. Seit 1992 zusätzlich verantwortlich für Personalplanung. Seit 2002 Leiter des Sprachendienstes.

Hans-Ulrich Seidt

Hans-Ulrich Seidt wurde am 18. April 1952 in Stuttgart geboren. Nach Abitur und Wehrdienst studierte er von 1973 bis 1980 Rechtswissenschaften, Geschichte und Politik an den Universitäten Tübingen, Genf und Bonn. Im Anschluss an das 2. juristische Staatsexamen besuchte er die Ecole Nationale d'Administration (ENA) in Paris und begann 1982 seinen Dienst im Auswärtigen Amt. Nach Verwendungen in Moskau (1986-1989), Nairobi (1989-1991), an der Ständigen Vertretung bei der NATO in Brüssel (1991-1994) und in Washington (1998-2002) war Hans-Ulrich Seidt Botschafter in Afghanistan (2006-2008). Seit 2009 leitet er die Deutsche Botschaft in der Republik Korea. Neben seiner Tätigkeit im Auswärtigen Amt lehrte er als Lehrbeauftragter am Otto-Suhr-Institut der Freien Universität Berlin. Er ist Ehrendoktor der Valparaiso Universität (Indiana/USA) und Stiftungsbeirat des Schweizer Afghanistan Instituts/Bibliotheca Afghanica.

Jürgen Stich

Jürgen Stich kam aus Donaueschingen zum Studium von Neuer und Mittlerer Geschichte sowie Deutscher Literatur der Neuzeit an die Freie Universität Berlin. Noch während dieser Zeit war er als wissenschaftlicher Mitarbeiter im Künstlerhaus Schloss Wiepersdorf tätig und richtete dort die Gedenkstätte für Bettina und Achim von Arnim ein. Am 30. März 1998 erreichte er den Grad eines Magister Artium. Seine Magisterarbeit hatte „Die Herrschaft Wiepersdorf im 20. Jahrhundert" zum Thema. Seit 1. Juni 1999 ist er Redakteur der „Märkischen Allgemeinen Zeitung". Publikation: Teltowkanal. Herausgegeben von Peter Hahn und Jürgen Stich, 2006.

Emil Krebs, um 1898

Tientsin, 1904. Militärführer Yuan Shikai, Gesandter Alfons von
Mumm, dahinter Emil Krebs

Prinz Chun nach der Rückkehr aus Deutschland in Shanghai, 1901
Foto: Bundesarchiv

Deutsche Gesandtschaft in Peking. Vorn Mitte Alfons von Mumm,
hinten oben Emil Krebs, um 1901

Emil Krebs und die Frau des Gesandtschaftsarztes Dr. Krummacher, um 1904

Gesandtschaft Peking, Prinz Adalbert von Preußen, Alfons von
Mumm und Emil Krebs, 1904

Tsingtau, Besuch des Gouverneuers Sun Pao-Chi 1910
Quelle: Bundesarchiv

Besuch der chinesischen Prinzen bei Prinz Adalbert in der Gesandtschaft Peking, 1904

Emil Krebs in Shanghai, 1913

Peking, Arbeitszimmer von Emil Krebs, 1904

Impressum

© 1. Auflage 2011
Oase Verlag
79410 Badenweiler
Telefon 07632-7460, Fax 07632-5098
info@oaseverlag.de
www.oaseverlag.de
Titelbild: Sebastian Köhnke, www.aprilagentur.de
Herstellung: fgb Freiburger Graphische Betriebe
ISBN 978-3-88922-097-4

Frau Brigitte Mayr, geborene Jasper, in Gaienhofen sei besonders gedankt für die Überlassung vieler, das Leben der Familie Krebs betreffender Unterlagen aus dem Nachlass ihrer Großmutter Amande Krebs.

Dokumente und Fotos von: Architekturmuseum der Technischen Universität Berlin, Archiv der Max-Planck-Gesellschaft Berlin, Bundesarchiv, Deutsches Historisches Museum Berlin, Deutsches Schifffahrtsmuseum Bremerhaven, Historisches Museum Frankfurt am Main, Humboldt-Universität Berlin, Hans-Alexander Kneider, Historisches Archiv Krupp Essen, Land Berlin, Ulrich von Möllendorff, Museum für Kunsthandwerk Frankfurt am Main, Max Freiherr von Oppenheim-Stiftung Köln, Staatliche Kunsthalle Karlsruhe, Stadt- und Schifffahrtsmuseum Kiel, C. und O. Vogt Archiv, C. und O. Vogt Institut für Hirnforschung, Heinrich-Heine-Universität Düsseldorf, Wehrgeschichtliches Museum Rastatt und Westfälisches Landesmuseum Münster. Danke!

Fotos und Dokumente ohne Quellenangabe wurden vom Archiv Eckhard Hoffmann in Potsdam-Golm zur Verfügung gestellt.